Investieren für Studenten, Schüler und Azubis

Impressum

Investieren für Studenten, Schüler und Azubis

2.Auflage 2017
Autor: Tobi Burner
Korrektorat: Christina Sorg, korrektur-for-you.de

Investieren für Studenten, Schüler und Azubis

Wie du bereits in jungen Jahren, auch mit geringem Kapital, erfolgreich investieren kannst.

Inhalt

Vorwort

Da sich dieses Buch vor allem an junge Menschen richtet, die sich im Studium, der Schule oder in einer Ausbildung befinden, ist der Schreibstil darauf angepasst. Das heißt, der Leser wird von mir mit „du“ und immer wieder relativ direkt und persönlich angesprochen.

Das heißt natürlich nicht, dass nur junge Menschen dieses Buch lesen sollten. Ganz im Gegenteil, es ist für jeden Leser hilfreich, der sich Gedanken über das Investieren machen möchte. Aus meiner Sicht trifft das auf alle Altersgruppen zu. Jeder sollte sich über dieses Thema Gedanken machen, um langfristig ein Vermögen aufbauen zu können.

Dieses Buch soll zeigen, wie man sein Geld am sinnvollsten investieren kann, um so zu finanziellem Erfolg und einem stattlichen Vermögen zu gelangen.

Die in diesem Buch gemachten Angaben und Empfehlungen sollen nur einen Leitfaden geben und dem Leser helfen, richtig zu investieren. Der Leser ist also selbst für seine Investitionen, sowie deren Erfolg und Misserfolg verantwortlich.

Einleitung

Als Schüler und Student habe ich schon sehr früh angefangen, meine Ersparnisse zu investieren. Daher bin ich mit den Problemen, die ein geringes verfügbares Kapital mit sich bringt, gut vertraut. Aus dieser Erfahrung heraus möchte ich dir zeigen, wie es auch für dich, in deiner Lage, möglich ist, erfolgreich Geld für dich arbeiten zu lassen.

Weißt du, was das Beste am Investieren ist? Es gibt überhaupt keine Mindestsumme, die man benötigt, um erfolgreich investieren zu können. Das heißt also: weg mit den Ausreden, wie zum Beispiel „Ich habe nicht genug Geld, um zu investieren!". Solche Aussagen sind schlichtweg falsch. Jeder ist also dazu in der Lage, auch mit geringem Kapital zu investieren. Der Trick ist, man muss nach den für sich selbst geeigneten Investitionsmöglichkeiten suchen.

In meinem Buch möchte ich dir deshalb zeigen, welche Investitionen schon mit sehr geringem Kapitaleinsatz Sinn machen und weshalb du dich mit dem Thema Investieren im Allgemeinen auseinandersetzen solltest.

Im Kapitel „Investitionsmöglichkeiten" zeige ich dir einige Optionen, wie du mit geringem Kapitaleinsatz erfolgreich investieren kannst. Deshalb habe ich die Kapitalanlagen gar nicht erst aufgeführt, bei denen es keinen Sinn

machen würde, mit geringen Beträgen zwischen 1000 und 5000 € zu investieren.
Natürliche werde ich dir auch Möglichkeiten aufzeigen, bei denen du überhaupt kein Mindest- beziehungsweise Startkapital benötigst.
Selbst wenn deine verfügbaren Geldmittel höher sind, machen Anlagen, die einen höheren Kapitaleinsatz benötigen, oft keinen Sinn. Denn zuvor solltest du dein Geld auf mehrere Investitionsmöglichkeiten verteilen, um deine Diversifikation zu erhöhen. Dies würde dein Risiko allerdings verringern.
Also übernimm die Verantwortung für dein Geld und lerne, wie du es investieren kannst, um dir ein stattliches Vermögen auf zu bauen.

Wieso du schon als junger Mensch investieren solltest!

Die erste Frage, die man sich logischerweise beim Thema Investieren stellt, ist: „Wozu das Ganze?“. Ich kann dir hierfür drei schlagkräftige Gründe nennen, die ich dir im Folgenden erläutern werde, wieso du dich mit dem Thema unbedingt auseinandersetzen solltest und wieso du tatsächlich aktiv werden solltest, das Investieren auch umzusetzen.

1. Die Macht des Zinseszins

Ich hoffe, du hast schon einmal in der Schule vom Zinseszins gehört. Falls nicht, wird es höchste Zeit. Aber das Wichtigste hierbei ist, dass du diesen Effekt auch nutzt. Am einfachsten lässt sich die Macht des Zinseszinses anhand eines kleinen Beispiels erklären.

Student Karl fängt mit 25 Jahren an, sein Geld zu investieren. Er investiert 10.000 € mit einer jährlichen Rendite von 8 % bis zu seinem 40. Lebensjahr. Nach 15 Jahren ist seine Investitionssumme auf 31.721,69 € angewachsen.

Schülerin Sabine hingegen fängt mit 17Jahren an, ihr Geld zu investieren. Sie investiert allerdings nur 6.000 €. Bei gleicher Rendite hat sie an ihrem 40. Geburtstag 35.228,78 €.

Wie du daran deutlich erkennen kannst, hat Sabine am Ende mehr Geld als Karl, obwohl sie fast um die Hälfte weniger investiert hat. Das A und O beim Investieren ist die Zeit. Je mehr Zeit du hast, desto stärker wirkt der Zinseszins, also deine Verzinsung auf deine bereits erhaltenen Zinsen.

Natürlich ist das hier vorgerechnete Beispiel ohne die Berücksichtigung von Steuern, die

durchaus beim Investieren eine große Rolle spielen. Allerdings zeigt es trotzdem deutlich, wie wichtig es ist, früh mit dem Investieren zu beginnen. Deshalb hast du als Student, Schüler oder Auszubildender einen sehr großen Vorteil. Jungsein bedeutet viel Zeit, den Zinseszinseffekt eiskalt auszunutzen.
Das Beispiel soll dir auch deutlich machen, dass es nicht entscheidend ist, wer am Anfang das höhere Kapital zur Verfügung hat, sondern wer über den längeren Zeitraum investiert und auch die bessere Rendite erzielt. Dazu wirst du im späteren Verlauf des Buches noch mehr lesen.

Am besten ist es natürlich, wenn man nicht nur ein gewisses Anfangskapital investiert, sondern zusätzlich auch noch jeden Monat oder jedes Quartal einen Großteil seiner Ersparnisse dazu verwendet, um diese gewinnbringend zu investieren.
Je länger dein Anlagehorizont ist, desto stärker wirkt der Hebel des Zinseszinses. Beispielsweise verdoppelt sich bei einer Rendite von 7,5 % dein Kapital grob geschätzt alle 10 Jahre. Dies hat zur Folge, dass sich nach 20 Jahren dein Anfangskapital vervierfacht hat, nach 30 Jahren verachtfacht usw. Du siehst, es herrscht ein enormes exponentielles Wachstum. Nutze es gnadenlos aus und investiere so früh wie nur irgendwie möglich. Die Zeit, sowie die

Rendite sind die beiden entscheidenden Faktoren.
Schnapp dir einfach mal selbst einen Taschenrechner und versuche ein paar Zinseszinsrechnungen aus, um zu sehen, was möglich ist. Du wirst erstaunt sein, was für ein gigantischer Hebel bei großen Investitionszeiträumen wirkt. Du kannst dich auch nach einem Zinseszinsrechner im Internet umschauen oder deine Excel-—Fähigkeiten nutzen.

2. Vermögen aufbauen

Damit wären wir schon beim zweiten schlagkräftigen Argument, was für das Investieren spricht. Investieren ist die schnellste und nachhaltigste Möglichkeit, um sich ein eigenes Vermögen aufzubauen.

Sich ein Vermögen zu erarbeiten besitzt zweifelsohne extreme Vorteile. Sollte dein Vermögen einmal die Millionendimensionen erreichen, so kannst du deinen Lebensunterhalt allein von den Einkünften deiner Investitionen bestreiten. Bei einem Vermögen von einer Million Euro kannst du bei einer jährlichen Rendite von 10 % satte 100.000 € (Brutto) einstreichen. Ich denke, die meisten von uns sollten davon ganz gut leben können.

Du könntest dich also eventuell frühzeitig zur Ruhe setzen.

Der wichtigste Grund aber, warum der Vermögensaufbau so essentiell ist, ist der, dass junge Leute, die sich im Moment im Studium, in der Schule oder einer Ausbildung befinden, nicht damit rechnen können, dass sie im Rentenalter eine stattliche Rente erhalten werden, falls sie überhaupt noch eine bekommen werden. Bis die Menschen, die heute unter 30 Jahre alt sind, in Rente gehen, wird unser Rentensystem in Deutschland, so

wie es heute aussieht, nicht mehr tragbar sein. Aufgrund des allgegenwertigen demographischen Wandels sowie fehlender Lösungen für dieses Problem, wird dies eventuell auch schon früher eintreten.
Ein ordentliches Vermögen, welches durch Sparen und Investitionen aufgebaut wurde, wird dich vor diesem Problem schützen. Dein Vermögen wird dir deine Rente in Form von Dividenden, Zinsen, Mieteinnahmen und Aktiengewinnen bescheren. Oder noch besser, wenn du früh genug mit dem Investieren anfängst und kluge Möglichkeiten wählst, dein Geld zu vermehren, ist es gut möglich, dass du dich schon mit 50 oder vielleicht sogar schon mit 40 Jahren aus dem Berufsleben zurückzuziehen kannst. Dann brauchst du dich nur noch um deine Investments zu kümmern, da diese durch deren Erträge einen so hohen Cashflow erzeugen, dass du davon deinen Lebensunterhalt bestreiten kannst.

3. Niedrigzinsniveau

Wenn du unter aktuellen Umständen dein Vermögen nicht investierst, wird es Jahr für Jahr an Wert verlieren. Du bekommst für dein Geld, welches du auf dem Giro-, Tagesgeld- oder Festgeldkonto usw. geparkt hast, keine oder kaum Zinsen. Solltest du überhaupt welche bekommen, so werden diese von der Inflationsrate aufgefressen und deine Ersparnisse verlieren nach und nach an Kaufkraft.

Bei dem aktuellen Nullzinsniveau ist es also umso wichtiger, dein Geld gewinnbringend zu investieren anstatt zu warten, wie es dir durch Inflationsrate und Niedrigzins zwischen den Fingern zerrinnt.

Die Aussichten auf stark steigende Zinsen in naher Zukunft scheinen eher unwahrscheinlich. Die Staaten Europas, vor allem die südlichen Länder, sind extrem hoch verschuldet, sodass der wohl einzige Ausweg scheint, die Zinsen niedrig bzw. gar negativ zu halten. Davon profitieren wiederum die großen Schuldner extrem. Ihre Schuldenberge verringern sich nach und nach durch die negativen Zinsen automatisch, ohne dass sie dafür einen Beitrag leisten müssen.

Es würden generell auch einfachniedrigere Zinsen als die Inflationsrate würden schon ausreichen, um diesen Effekt des automatischen Schuldenabbaus zu erzeugen. Allerdings würde dies natürlich erheblich länger dauern. Der Leidtragende auf der anderen Seite wäre dabei leider der Sparer, dessen angespartes Kapital ebenso automatisch weniger würde Deshalb ist der einzige Weg, der dir aus diesem Problem helfen kann der, dein erspartes Geld zu investieren anstatt dabei zuzusehen, wie es an Wert verliert.
Viele halten eine anhaltende Nullzins- oder Negativzinspolitik für unwahrscheinlich, aber schauen wir doch mal in das Land der aufgehenden Sonne. In Japan gibt es schon seit 20 Jahren eine solche sparerfeindliche Politik.
Sollten die Zinsen irgendwann einmal wieder höher sein, solltest du trotzdem dein Geld nicht nur auf der Bank parken, denn die Renditen, die du mit einer sinnvollen Investition erzielen kannst, werden in der Regel trotzdem noch deutlich höher sein, als die, die du in Form von Zinsen von deiner Bank erhalten würdest

Investitionsmöglichkeiten

Wenn du erfolgreich sein willst, ist es unvermeidlich, dass du dich bei langfristigen Investitionen über die verschiedenen Investitionsmöglichkeiten laufend informierst! Denn eines ist gewiss: du musst dich definitiv selbst um deine Finanzen und Investitionen kümmern.

Ein Banker oder ein Vermögensberater mögen sich durchaus mit der einen oder anderen Materie sehr gut auskennen, aber das heißt noch lange nicht, dass sie dein Geld erfolgreich anlegen können. Es ist auch schlichtweg nicht ihre Aufgabe.

Der Vermögensberater hat zur Aufgabe, eine Provision zu erwirtschaften. Diese Provision erhält er von dir über die Höhe des Geldes, die du ihm zur Verfügung stellst, sowie über Transaktionen, die er mit deinem Geld durchführt.

Der Banker hingegen hat nicht die Aufgabe, dich über Finanzen zu beraten, sondern er muss dir Finanzprodukte verkaufen, die seine Bank aufgelegt hat oder für ein anderes Finanzinstitut vertreibt. Das sind alles kosten, die deine Rendite schmälern, wenn du die Sache nicht selbst in die Hand nimmst.

Ich will dir damit deutlich machen, dass es nun mal nicht die Aufgabe der Banker und

Vermögensberater ist, dein Geld so zu investieren, wie es für dich am besten ist, sondern deine! Wie es am besten ist, kannst alleine du durch „do it yourself“ herausfinden.

Als Berater für deine Investitionen solltest du dir stattdessen dich selbst und Menschen heranziehen, die einen großen Teil ihres Einkommens durch Einkünfte aus Investitionen mit ihrem eigenen Geld erzielen und nicht durch den Verkauf von Finanzprodukten oder das einstreichen von Provisionen.

Jetzt kommt mein Lieblingsteil dieses Buches.
In Folgendem werde ich dir aufzeigen, welche Investitionsmöglichkeiten bereits mit geringen Mitteln Sinn machen.
Natürlich machen diese auch immer noch Sinn, wenn du bereits 20.000€ Kapital oder weit mehr zur Verfügung hast. Denn nach oben gibt es ja bekanntlich keine Grenzen, was auch auf das Thema „Investieren“ zutrifft.
Bei der Auflistung der Möglichkeiten erhebe ich keinen Anspruch auf Vollständigkeit. Auf Kapitalanlagen, die mit geringem Kapital keinen Sinn machen, werde ich nur sehr kurz eingehen oder sie gar nicht erst aufführen.

1. Der Aktienmarkt

Lass uns direkt mit dem Nachtisch anfangen. Unabhängig vom Geldvermögen ist die Aktie oder eine Form von Aktien langfristig die beste Investitionsmöglichkeit.
Es ist nachweisbar, dass mit Aktien auf langfristige Sicht, das heißt gerechnet auf 10 Jahre oder mehr, Renditen von 8 % relativ problemlos machbar sind. Dies ist seit der Auflage des DAX so nachverfolgbar.
Um diese Rendite zu erwirtschaften, musst du gewiss kein Finanzprofi und schon gar kein Banker oder Vermögensberater sein. Es gibt verschiedene Möglichkeiten, wie du dein Geld in Aktien investieren und von der Entwicklung der Aktienmärkte profitieren kannst.
Diese werde ich dir in Folgendem aufzeigen.

1.1. Investmentfonds

Leider investieren die meisten deutschen Anleger, die am Aktienmarkt partizipieren möchten, fast ausschließlich in aktiv gemanagte Aktienfonds. Das ist ungefähr so, als würdest du dem Banker oder Vermögensverwalter deines Vertrauens dein Geld einfach so geben, um es für dich zu investieren.

Bei fast allen Investmentfonds, ob in Aktien, Immobilien oder Anleihen, besitzt der Fondsmanager selbst gar keine oder nur so geringe Anteile am Fonds, dass es ihm eigentlich egal sein kann, wie sich der Kurs des Papiers entwickelt. Er verdient sein tägliches Brot über Verwaltungsgebühren, Ausgabeaufschläge und Handelsprovisionen.

Es gibt nur sehr wenige Fonds, bei denen der Fondsmanager einen so großen Anteil von seinem eigenen Anlagevermögen in dem von ihm verwalteten Fonds investiert hat, dass er wirklich in ernsthafte Schwierigkeiten geraten würde, wenn die Anteilsscheine des Investmentfonds stark an Wert verlieren.
Das Problem ist einfach, dass der Verwalter des Fonds, bei kaum oder gar keinen eigenen Anteilen, gar keinen Anreiz besitzt, das Beste für die Anleger herauszuholen. Schließlich verdient er sein Geld nun mal durch Provisionen und nicht durch Wertsteigerungen.

In diese wenigen Fonds, bei denen der Manager selbst einen hohen prozentualen Anteil seiner Ersparnisse im Spiel hat, kann man jedoch durchaus investieren.
Allerdings solltest du dabei trotzdem bedenken, dass solche Investitionen mit hohen Kosten verbunden sind, die deine Rendite verschlechtern, auffressen oder gar deinen Verlust erhöhen. Du musst in der Regel beim Ankauf dieser Teile einen Ausgabeaufschlag

bezahlen, der bis zu 5 % deiner Investitionssumme betragen kann. Dazu kommt noch eine jährliche Verwaltungsgebühr hinzu, die in der Regel bei 1 % oder noch höher liegen kann. Das hängt von der Höhe deines Betrages ab, den deine Anteile aktuell an der Börse wert sind.

Ein weiteres Problem ist, dass es bei sehr vielen aktiv gemanagten Investmentfonds Mindestanlagebeträge von 2.000 oder gar 5.000 Euro gibt, die dieses Investment für Anleger mit geringem Kapital weniger attraktiv macht.
Du solltest dein sauer verdientes Geld wirklich nur in einen aktiv gemanagten Fonds investieren, wenn du mit hundertprozentiger Sicherheit weißt, dass der Verwalter selbst einen erheblichen prozentualen Anteil seines Vermögens dort investiert hat. Leider kann man so etwas in der Regel nur dann sicher wissen, wenn man den Fondsmanager persönlich kennt.

Ich selbst bin kein großer Fan von Investmentfonds und habe daher nur in einen einzigen investiert, bei dem ich den Manager persönlich kenne. Ich würde auch dir raten, nur bei einem solchen Umstand in einen aktiven Fonds einzusteigen.

1.2. ETFs (Exchange Traded Funds)

Ein ETF (englisch: Exchange Traded Fund) ist ein börsengehandelter Indexfonds, der die Wertentwicklung eines Indexes wie beispielsweise des DAX® abbildet.

ETFs sind nicht aktiv gemanagte Fonds, das heißt, es gibt keinen Fondsmanager, der sich tagtäglich damit auseinandersetzt, welche Aktien oder Wertpapiere er nun für den Fonds kauft oder verkauft. Im Kern vereinen ETFs die Vorteile von Aktien und Fonds in einem Produkt.

ETFs ermöglichen dir, mit einem Wertpapier kostengünstig in ganze Märkte zu investieren. Neben Aktien kannst du mit ETFs auch in viele andere Anlageklassen investieren. Aufgrund dieser Vielfalt sind ETFs perfekte Bausteine für die private Geldanlage. Sie bilden einen Marktindex einfach eins zu eins nach und können, wie eine Aktie, jederzeit an der Börse gehandelt werden.

ETFs sind nach meinen Erfahrungen die einfachste und unkomplizierteste Möglichkeit, vom Aktienmarkt zu profitieren.

Manche Fonds bilden auch mehrere Indizes (Plural von Index) ab, womit man seine Diversifikation massiv steigern kann. Allerdings empfehle ich dir eher, dass du dein Portfolio selbst, nach deinen eigenen Vorstellungen,

diversifizierst, indem du deine Investition auf mehrere ETFs aufteilst. Durch die direkte Nachbildung eines Index mit einem ETF, kannst du von der Entwicklung des gesamten Marktes profitieren.
Sowohl der europäische als auch der amerikanische Markt erbrachten in der Vergangenheit, langfristig gesehen, zwischen 8 – 12 % Rendite jährlich. Da sich in der Regel in der Zusammensetzung eines Index nur quartalsweise etwas ändert, muss sich auch am ETF nur quartalsweise die Zusammenstellung der einzelnen Aktien ändern. Das hat zur Folge, dass erheblich niedrigere Verwaltungsgebühren anfallen als bei einem aktiv gemanagten Fonds. Zudem gibt es kaum ETFs, bei denen ein Ausgabeaufschlag fällig ist.

Wenn du nun besonders clever sein willst, legst du dir bei deiner Bank einen Sparplan auf einen oder mehrere ETFs an. Dabei investierst du monatlich, alle zwei Monate oder quartalsweise einen im Sparplan festgelegten Betrag (bei den meisten Banken ab 25 €) in den ETF. Bei eigentlich allen Depotbanken gibt es einige ETFs, auf die ein kostenloser Sparplan möglich ist.
Das bedeutet also für dich, dass du durch Anlegen eines Sparplans auf einen ETF, du nur eine sehr geringe Verwaltungsgebühr von rund

1 % jährlich zu tragen hast. Eine ETF ist somit eine sehr kostengünstige Variante, um in den Aktienmarkt zu investieren.

Zu den günstigen Kosten eines solchen Sparplans kommt noch hinzu, dass du von dem aktuellen Börsengeschehen ungeniert und regelmäßig einen Teil deines Geldes investierst. So umgehst du den Fehler, bei stark fallenden Kursen zu verkaufen anstatt zu kaufen. Ich denke, dass es dir wohl völlig klar sein wird, dass man gerade dann, wenn es Schnäppchen gibt zuschlagen sollte.
Nutze den Vorteil eines passiven Investments bei einem ETF gnadenlos aus, indem du ihn als passives Investment behandelst und ihm immer wieder etwas Geld nachlegst. Verkaufen solltest du deine ETF Anteile völlig unabhängig von der Börse, also nur, wenn du das Geld für ein besseres Investment brauchst, für einen Urlaub, ein neues Auto oder irgendeinen Notfall.
Der Fall, dass du schnell deine Anlage liquidieren musst ,ist generell bei einem Investment in ein Objekt, das an der Börse gehandelt wird, ein viel kleineres Problem, wie beispielsweise bei schlecht liquidierbaren Dingen wie einer Immobilie oder einem Grundstück. Eine Aktie, ein ETF oder andere Wertpapiere, die an der Börse gehandelt werden, lassen sich in der Regel innerhalb von

Sekunden oder Minuten zu Cash machen. Bei Grundstücken und Immobilien ist das nahezu unmöglich, alleine schon wegen notwendigen dem Gang zu einem Notar

Es gibt auch ETFs, die aus Anleihen bestehen. Allerdings halte ich Anleihen für junge Menschen als eine weniger sinnvolle Investition. Anleihen mit halbwegs vertretbarem Risiko werfen dank der EZB-Politik nur sehr niedrige Zinsen ab und sind kein Sachwert wie beispielsweise eine Aktie. Gegen einen ETF, der hauptsächlich aus Aktien besteht und einen kleinen Teil an Anleihen mit abdeckt, ist definitiv nichts dagegen einzuwenden. Aber bitte nur in geringem Maße, das Chancen-Risiko-Verhältnis einer Anleihe ist nämlich ähnlich schlecht wie das eines Sparbuchs.

Es ist wirklich nicht viel, was du bei ETFs aufwendig analysieren musst. Doch ein paar kleine Details, in denen sich auf den ersten Blick nahezu identische, passiv gemanagte Fonds kaum unterscheiden, solltest du dennoch beachten:

- Da wäre zum einen der Unterschied zwischen einem physischen und einem synthetischen Modell.

Beim physischen Modell werden die Aktien aus dem Index, der nachgebildet wird, auch tatsächlich gekauft und im ETF verwaltet und immer wieder angepasst, wenn es Veränderungen im Index gibt. Da dies nicht von alleine geschieht, steckt hinter jedem ETF eine Bank oder ein anderer Finanzdienstleister. Tritt nun, aus welchem Grund auch immer, das Szenario ein, dass der jeweilige Finanzdienstleister Pleite macht, so kann auch der ETF nicht mehr weiter existieren. Da aber die Aktien tatsächlich in dem ETF enthalten waren, können diese liquidiert werden und die Erlöse zum aktuellen Wert an die ETF Anteilseigner, also dich als Investor, ausgezahlt werden.
Beim synthetischen Modell werden nicht die tatsächlichen Aktien gekauft und verwaltet, sondern nur Finanzprodukte, die den Index nachbilden. In der Regel sind diese Finanzprodukte vom selben Dienstleister emittiert worden. Sollte nun bei einem synthetischen ETF der Emittent bankrottgehen, so ist nichts da, was liquidiert werden kann, da die Papiere alle wertlos werden. Das Ende vom Lied ist nun, dass du als Investor

höchstwahrscheinlich komplett auf den Verlusten sitzen bleibst. Natürlich muss dabei erwähnt sein, dass ein solches Pleiteszenario eher unwahrscheinlich ist. Aber beachte dennoch, dass du physische ETFs den synthetischen immer vorziehen solltest.

- Nun hast du noch die Qual der Wahl zischen thesaurierend und ausschüttend. Ein ausschüttender ETF gibt die Dividenden, die von den Unternehmen gezahlt werden, welche im ETF verwaltet werden, an die Investoren direkt weiter. Das hat den Vorteil, dass du regelmäßige Einnahmen aus deinem Investment erhältst. Der Unterschied zum thesaurierenden Modell ist, dass dieser ETF die Dividenden nicht an die Anteilseigner weitergibt, sondern direkt wieder in Aktien investiert. Das Schöne daran ist, dass automatisch mit deinen Erträgen das Beste passiert, was du mit ihnen tun kannst. Nämlich direkt wieder sinnvoll investieren.

Ob nun thesaurierend oder ausschüttenden besser ist, kann man als eine reine Geschmackssache interpretieren.

ETFs sind gerade für junge Leute, die zum einen noch kein großes Anlagekapital zur Verfügung haben und zum anderen noch keine Börsenexperten sind, die beste Anlagemöglichkeit an der Börse. Es ist wirklich keine große Kenntnis und ständige Überwachung der Finanzmärkte nötig. Du solltest nur beachten, dass du einen oder mehrere ETFs, die die Indizes der USA und Europa einschließen, verwendest. Oder mach es dir einfach indem du dir einen ETF auf den MSCI World schnappst, denn in diesem Index sind alle Industrienationen der Welt enthalten.
Auf langfristige Sicht (10 Jahre), Wirtschaftskrisen hin oder her, kennen diese Märkte nur eine Richtung und zwar, nach oben. Mit solch einem ETF kannst du mit einer Rendite von 8 – 12 % jährlich auf einen langfristigen Zeitraum rechnen.

Unabhängig von deinen finanziellen Möglichkeiten empfehle ich dir, in maximal 5 verschiedene ETFs zu investieren. Zum einen brauchst du eigentlich nicht einmal 5 ETFs in deinem Depot, um die ganze Welt abzudecken und zum anderen steigt mit der Anzahl deiner ETFs auch dein Verwaltungsaufwand und das Risiko, den Überblick zu verlieren.

1.3. Einzelaktien

Auf langfristige Sicht ist die Investition in Einzelaktien, also das direkte Kaufen von Aktien einzelner Unternehmen, der Königsweg zum langfristigen Vermögensaufbau. Das Renditepotential ist hier im Prinzip unbegrenzt, mehrere hunderte oder gar tausende Prozentpunkte innerhalb einiger Jahre sind durchaus realistisch. Allerdings solltest Du hierbei nie den Grundsatz aller Investitionen vergessen: Rendite kommt von Risiko. Je höher die zu erwartende oder mögliche Rendite ist, desto wahrscheinlicher ist auch ein herber Verlust oder gar der Totalverlust deines Kapitals. Solche wahnsinnigen Kursvervielfachungen sind für einen Börsenneuling zugegebenermaßen ein unrealistisches Ziel. Aber wenn du in ein paar solide Unternehmen einsteigst, ist mit deinen ganzen Aktien auf langfristige Sicht eine Rendite von 10 - 15 % durchaus sehr realistisch. Du stellst dir natürlich jetzt sicherlich die Frage, wie denn so etwas möglich sein soll, solch gute Gewinne mit Einzelaktien einzufahren, ohne Börsenexperte zu sein.

Wenn du kein absoluter Experte bist und auch nicht den hohen Zeitaufwand aufbringen willst, der notwendig wäre, um ein echter Experte zu sein, dann musst du ähnlich wie bei dem Investieren in ETFs vorgehen. Das heißt, du darfst keinen Wert auf die aktuellen kurzfristigen Börsengeschehnisse legen. Diese spielen langfristig sowieso keine Rolle, wenn du dein Geld in Aktien von „soliden" Unternehmen investierst. Solche „soliden" Unternehmen, kannst du ganz einfach ausfindig machen, wenn du dich an den folgenden Regeln orientierst. Selbst die meisten Experten oder die, die sich als solche bezeichnen, fahren in der Regel ihre langfristigen Erfolge nicht durch das Auf und Ab an den Börsen ein, sondern durch die Auswahl der richtigen Unternehmen, bei denen sie Aktien kaufen.

1.4. Regeln für ein Investment in „solide" Unternehmen

Regel 1
Investiere nur in Branchen, die du auch verstehst!
Es klingt total banal, aber es kommt wirklich nur allzu oft vor, dass Leute ihr Geld in irgendwelche Unternehmen investieren, ohne sich damit zu beschäftigen, was dieses Unternehmen überhaupt herstellt oder welche Dienstleistungen es anbietet. Es ist absolut elementar, dass du dich vor einer Investition genauestens über die Tätigkeiten der Aktiengesellschaft informierst und die Branche analysierst, in der sie tätig ist. Es ist im Zeitalter des Internets relativ einfach, das herauszufinden. Zudem hat jede AG auf ihrer Website in der Regel sogenannte „Investors Relations". Unter dieser Rubrik findest du einige Dinge, die für dich als Investor von Bedeutung sein können. Dort findest du zum Beispiel die Bilanzen der letzten Jahre, der nächste Termin der Hauptversammlung oder die Zukunftsplanung des Unternehmens.

Wenn du dich damit ausführlich beschäftigt hast, welchen Tätigkeiten die Gesellschaft nachgeht, kannst du anschließend viel besser beurteilen, ob es Sinn macht, für dich dort zu investieren. Bist du nämlich der Meinung, dass die Produkte der AG in 2 Jahren kein Mensch mehr braucht oder sie im Vergleich zu den Mitbewerbern Müll sind, dann brauchst du hier nicht investieren. Denkst Du allerdings das Gegenteil, so hast du schon mal ein schlagkräftiges Argument, um dort zu investieren. Es ist ganz wichtig, dass du bei dieser Regel deinen gesunden Menschenverstand einsetzt, um die Lage richtig beurteilen zu können.

Regel 2
Setz auf den Besten der Branche!

Damit ist gemeint, dass du dir vor der Investition auch die Mitbewerber der Branche dieses Unternehmens, in das du investieren möchtest, genau anschaust. Es ist nicht unbedingt notwendig, immer auf den unangefochtenen Branchenführer zu setzen, aber es ist immer sinnvoll, auf einen der drei Mächtigsten in dieser Branche zu setzen.

Der Branchenführer hat gegenüber der Konkurrenz den Vorteil, dass er seine Produkte oder Dienstleistungen aufgrund seines größeren Marktanteils in fast allen Fällen zu viel geringeren Grenzkosten produzieren kann. Langfristig sorgt dieser Effekt dafür, dass der Branchenführer deutlich höhere Gewinnmargen hat. Das spielt an der Börse eine sehr wichtige Rolle, denn langfristig zählen nun einmal nur die Gewinne. Statt die höheren Margen zu nutzen, um hohe Gewinne zu generieren, kann der Branchenchef auch einfach die Verkaufspreise auf seine Grenzkosten drücken. Dann müssen seine Konkurrenten entweder ebenfalls die Preise senken und somit Verluste schreiben oder seine Konkurrenten lassen die Preise oben und werden langfristig Marktanteile an denjenigen verlieren, der seine Produkte aus Kundensicht zu einem besseren Preis anbietet. Natürlich müssen die Produkte der Hersteller vergleichbar sein, dass der Branchenchef auf diesen Effekt zurückführen kann. Langfristig ist es also einem Branchenführer sogar mit einfachen Mitteln möglich, seine Konkurrenz weiter zu verkleinern, um sie dann am Ende komplett vom Markt zu verdrängen oder sie zu übernehmen.

Einige Beispiele für solche Chefs sind: Amazon im online Handel, Nestlé und Kraft Heinz in der Lebensmittelindustrie, Coca Cola in der Getränkeindustrie, Airbus und Boeing in der Luftfahrt. Es müssen allerdings nicht immer nur die Chefs der großen Branchen sein. In vielen Nischen oder „Zukunftsbranchen“ gibt es bereits Branchenchefs, die der Konkurrenz meist noch viel weiter voraus sind als die Chefs der großen Branchen. Ein Bespiel hierfür ist die FinTech Group im Bereich der Finanztechnologie.

Wichtig für dich ist, dass du Regel 2 nicht als dein alleiniges Auswahlkriterium für deine Aktien wählst, denn es gibt auch Gegenbeispiele. Mit Nokia ist beispielsweise ein ehemals absoluter Branchenchef der Mobiltelefone nahezu komplett vom Markt verschwunden, da das Unternehmen den Umstieg auf Smartphones völlig verpasst hat.

Regel 3
Die Zukunft macht die Musik!
So verrückt es mit Aufs und Abs an der Börse immer wieder mal zugeht, so klar und normal ist es jedoch, dass die Zukunft an der Börse gehandelt wird. Wie ein Unternehmen in der Vergangenheit performt hat, wie es sich in der Gegenwart präsentiert, das alles spielt an der Börse keine Rolle. Einzig die Zukunftsaussicht für das Unternehmen ist entscheidend.
Es ist also wichtig, dass du bei dem Unternehmen untersuchst, ob das Geschäftsmodell und vor allem die Produkte oder Dienstleistungen auch in Zukunft eine Chance haben, ob sie bald schon veraltet sein werden oder ob sie der Kunde in der Zukunft nicht mehr haben möchte oder nicht mehr benötigt.

Regel 4
Eine positive Entwicklung des Gewinns und der Gewinnmarge, ist elementar!
Der Wert deiner Aktien an der Börse kann nur dann langfristig steigen, wenn die Gewinne des Unternehmens steigen, in das du deine Aktien investiert hast.
Das muss allerdings nicht bedeuten, dass du auf keinen Fall in Unternehmen investieren darfst, die Verluste schreiben. Bei jungen Unternehmen mit großem Wachstum und hervorragender Zukunftsaussichten ist es völlig legitim, dass diese in den ersten Jahren Verluste statt Gewinne erzielen.
Ein wichtiger Aspekt an der Investition in Aktien ist aber, dass die Verluste sich Jahr für Jahr

verringern sollten, um dann später in steigende Gewinne überzugehen. Natürlich darf zwischendurch ein Jahr dabei sein, in dem der Gewinn etwas zurück geht oder die Verluste nicht weniger werden. Für den langfristigen Börsenerfolg sollten jedoch die Entwicklung des Gewinns der vergangenen Jahre und die Aussicht auf Gewinne der zukünftigen Jahre einen klaren Trend nach oben zeigen.

Die Gewinnentwicklung der Vergangenheit von AGs, lässt sich ganz einfach aus den Bilanzen der vergangenen Jahre herauslesen. Die Unternehmen sind verpflichtet, diese zu veröffentlichen. Wie oben bereits erwähnt, findest du die Bilanzen der letzten Jahre meist auf der Website der Firma unter „Investor Relations". Für die zukünftige Entwicklung kannst du dir entweder die Prognosen des Unternehmens oder die Prognosen von Analysten auf verschiedenen Finanzinformationsportalen. Allerdings ist bei den Analysteneinschätzungen immer höchste Vorsicht geboten! Hier ist es besonders wichtig, immer deinen Kopf einzuschalten und gut darüber nachzudenken inwieweit die Prognosen realistisch sein können. Ein ganz guter Hinweis ist an dieser Stelle immer, dass der tatsächliche Umsatz und Gewinn meist etwas positiver ausfällt als die Prognose, die das Unternehmen selbst erstellt.

Wichtig ist auch, dass du weißt, was eine **Gewinnmarge** ist. Sie gibt den prozentualen Anteil des Gewinns vom Umsatz an. Eine Gewinnmarge von 10 % würde also bedeuten, dass dem Unternehmen von jedem umgesetzten Euro 10 Cent als Gewinn bleiben.
Die Gewinnmarge zeigt dir also, wie profitabel eine Firma wirtschaftet. Hier gilt natürlich, wie auch beim absoluten Gewinn, je höher desto besser.
Die Gewinnmarge sollte, wie auch der Gewinn selbst, eine langfristig steigende Tendenz aufzeigen. Sollte das Unternehmen immer mal wieder ein bis zwei Jahre ohne eine Steigerung oder mit Verringerung wirtschaften, ist das für deine Aktien völlig in Ordnung.
Hohe Gewinnmargen bedeuten für ein Unternehmen erhebliche Vorteile, da es ihm dadurch möglich ist, auch in Wirtschaftskrisen Geld zu verdienen. Zudem hat das Unternehmen auch die Möglichkeit, kurzfristige, radikale Preiskämpfe durchzuführen, ohne dabei auf Gewinne verzichten zu müssen um dann, Marktanteile von den Mitbewerbern abgreifen zu können.
Gerade bei Unternehmen, die kaum Wachstum mehr aufweisen können, weil sie beispielsweise in einer Branche aktiv sind, die schon lange existiert und kaum mehr Entwicklungspotential aufweisen kann, ist eine langfristig steigende Gewinnmarge elementar, um für steigende Aktienkurse in Zukunft zu sorgen. Ist dies nicht der Fall, solltest du den Kauf dieser Aktien eher meiden.

Generell gilt, eine Gewinnmarge von 8 % oder mehr ist als positiv zu werten. In Unternehmen die aktuell eine niedrigere Marge verzeichnen, solltest du nur investieren, wenn eine regelrechte Explosion des Gewinns in den nächsten 2 bis 5 Jahren zu erwarten ist.

Regel 5

Steigende Dividenden, aber nur im richtigen Maße!

Zusätzlich zu den Kurssteigerungen deiner Aktien, kannst du auch noch durch Dividenden Gewinne generieren. Viele Aktiengesellschaften schütten quartalsweise oder jährlich einen Teil des Gewinnes in Form einer Dividende an die Aktionäre aus. Der Rest des Gewinns bleibt im Unternehmen, um Rücklagen zu bilden und Investitionen zu tätigen.

Der große Vorteil von Dividenden für dich als Investor ist der, dass du durch die Dividendenausschüttungen ein regelmäßig passives Einkommen erwirtschaften kannst. Am besten ist es natürlich, wenn du die Gewinne direkt in neue Investitionen hinein steckst, um maximal vom Zinseszinseffekt zu profitieren. Im Idealfall, wenn du jede Menge Disziplin zeigst und deine Investitionen erfolgreich sind, kannst du, eventuell in ferner Zukunft, deinen Lebensunterhalt allein durch Dividendenausschüttungen und Zinsen bestreiten.

Die Dividendenentwicklung sollte, wie auch schon bei der Gewinnentwicklung erwähnt, langfristig eine deutliche Aufwärtstendenz zeigen. Sollte das Unternehmen keine

Dividenden ausschütten, ist dies prinzipiell nicht weiter schlimm. Wichtig ist dann jedoch, dass das Unternehmen ein hohes Wachstum aufweisen kann. Das Unternehmen wäre in diesem Fall sowieso besser beraten, den gesamten Gewinn in weiteres Wachstum zu investieren anstatt die Gewinne an seine Aktionäre auszuschütten. Wichtig für dich ist zu wissen, dass wenn die AG einmal angefangen hat, Dividenden auszuschütten, sie diese in den folgenden Jahren nicht mehr senken oder langfristig steigert.

Was bedeutet denn nun für dich der Nebensatz „aber nur in richtigem Maße?".
Damit ist gemeint, dass das Unternehmen auf keinen Fall auf biegen und brechen jedes Jahr die Dividende erhöht, nur um den Aktionären gerecht zu werden. Denn dabei würde es die eigene Substanz angreifen. Wenn ein Konzern den Cashflow nicht mehr steigern kann, aber dennoch die Dividende regelmäßig erhöht, kommt es irgendwann dazu, dass die Dividendenausschüttungen höher als der Cashflow sind. Das darf nur in absoluten Ausnahmejahren passieren und keinesfalls die langfristige Tendenz sein.
Leider gibt es viele Unternehmen, bei denen dieser Effekt dennoch die langfristige Tendenz ist. Dies führt langfristig dazu, dass diese Unternehmen ihre eigene Substanz kaputt machen. Weil die zu hohen Dividendenausschüttungen nicht mehr durch den Cashflow gedeckt werden können, muss auf Rücklagen zurückgegriffen oder gar

Firmenwerte liquidiert werden. Dadurch wird dann eben langfristig die Substanz des Unternehmens aufgefressen. Leider fühlen sich einige Unternehmen aufgrund großer und institutioneller Investoren oftmals dazu gezwungen, die Dividenden maßlos zu erhöhen. Das können sie sich jedoch eigentlich gar nicht leisten, nur um diese besagten Investoren zufrieden zu stellen.

Die gesamte Dividendenausschüttung, die die jeweilige AG tätigt, kannst du aus dem Geschäftsbericht entnehmen, der ebenso wie die Bilanz und alle wichtigen Daten auf der Website der AG unter „Investor Relations" veröffentlicht wird. Oder du kannst sie dir auch einfach selbst berechnen. Die meisten Finanzportale haben Angaben dazu, wie viele Aktien das Unternehmen hat und wie hoch die Dividende je Aktie ist. Multiplizierst du diese beiden Zahlen, so erhältst du die gesamte Dividendenausschüttung, die du dann mit dem Cashflow aus der Bilanz vergleichen kannst.

Wichtig:
Von diesen ersten 5 Regeln sollten mindestens 4 erfüllt sein und gleichzeitig die Regel 1 eingeschlossen sein, bevor du eine Investition in das Unternehmen tätigst.

In Folgendem gibt es noch einige weitere Regeln, bei denen, nach Möglichkeit, alle oder zumindest die meisten Regeln erfüllt sein sollten. Allerdings sind diese Regeln nicht so elementar, wie die ersten 5.

Regel 6

Das Unternehmen muss starke Marken und ein gutes Image besitzen!

Wir leben in einer absoluten Markenwelt. Steht irgendwo auf einem Produkt ein guter Markenname, der nach Qualität klingt, so sind wir doch sofort bereit, einen erheblich höheren Preis für das Produkt zu bezahlen. Zudem haben starke Markennamen einen hohen Wiedererkennungswert, was dazu führt, dass der Kunde das Produkt immer wieder kaufen wird, wenn er damit zufrieden war und sich somit an die Marke und das Unternehmen bindet.

Oft ist das Image eines Unternehmens eng mit den Marken verbunden. Ist das Image der Firma schlecht, so fällt automatisch auf die Marke der Firma auch ein dunkler Schatten. Es ist von großer Bedeutung, wie das Image der Aktiengesellschaft in den Medien dargestellt wird. Oft hat zwar diese Darstellung mit der Realität wenig gemein, jedoch ist das den meisten Konsumenten der Medien völlig egal. Wenn überall verbreitet wird, dass ein Unternehmen seine Angestellten oder seine Zulieferer, wie zum Beispiel Landwirte, ausbeutet, so ist immer wieder zu erkennen, dass sich dies stark negativ auf die Umsätze des Unternehmens auswirkt. Deshalb ist es wichtig, dass das Image einer Aktiengesellschaft so stark ist, dass es solch negativer Medienpropaganda standhält.

Regel 7
Setze auf Unternehmen, die Produkte mit geringem Wert vertreiben!

Damit meine ich nicht, du sollst auf Aktien von Firmen setzen, die nur Ramsch im Angebot haben. Ich meine damit, setze auf Unternehmen, die Produkte verkaufen, die einen niedrigen Preis haben und von jedem Menschen, in fast jeder Lage, gebraucht werden. Darunter fallen beispielsweise Getränke, Lebensmittel und Körperpflegeprodukte. Einfach preisgünstige Produkte des täglichen Bedarfs.

Dies hat den Vorteil, dass solche Produkte von den Kunden zum einen sehr regelmäßig und zum anderen in wirtschaftlich guten und schlechten Zeiten gekauft und konsumiert werden. Wenn die wirtschaftliche Lage generell schlecht ist und auch für den potentiellen Kunden selbst, wird er sich wohl kaum ein neues Auto oder einen neuen Fernseher kaufen. Auf sein Essen und Trinken, sowie auf seine Körperpflege, kann er jedoch keinesfalls verzichten. Unternehmen, die solche Produkte herstellen und/oder vertreiben, sind viel weniger anfällig für konjunkturelle Schwankungen.

Regel 8
Schenke ein paar wichtigen Kennzahlen etwas Aufmerksamkeit!

Die wichtigsten Zahlen eines Unternehmens, nämlich Gewinn und Cashflow, haben wir bereits in den vorangegangenen Regeln abgehakt. Nun widmen wir uns den Kennzahlen.

Die wohl bekannteste und wichtigste Kennzahl ist das Kurs-Gewinn-Verhältnis (**KGV**). Es berechnet sich aus dem aktuellen Kurs der Aktie, geteilt durch den Gewinn je Aktie.
Wie Du bereits weißt, wird an der Börse immer die Zukunft gehandelt, deshalb solltest du für die Berechnung des KGVs immer den zu erwartenden Gewinn des nächsten Jahres nehmen.
Wenn du es nicht selbst berechnen möchtest, dann schau genau hin, auf welcher Gewinnbasis das KGV berechnet wurde, das dir die Börseninformationsplattform zur Verfügung stellt. Das KGV gibt dir quasi an, wie viele Jahre es dauern würde, bis der Gewinn je Aktie auf die Summe des Aktienkurses angelaufen ist.
Im Grunde genommen gibt dir das KGV an, wie teuer oder günstig eine Aktie ist. Bei klassischen Industriezweigen ist ein KGV von unter 15 als günstig zu sehen. Sollte es der absolute Spitzenreiter der Branche sein, darf das KGV ruhig auch bei 20 oder etwas darüber liegen. Allerdings sollte diese Kennzahl immer mit Vorsicht betrachtet werden, denn sie ist extrem relativ. Technologieunternehmen „dürfen" ein deutlich höheres KGV haben, da meist hier die Steigerung der Gewinne extrem hoch ist und das KGV dann automatisch durch die massive Gewinnentwicklung sinkt. Du musst diese Kennzahl deshalb immer in Relation zum Unternehmen sehen. Man kann nicht pauschal, anhand des Zahlenwertes, sagen, ob die Aktie nun teuer oder günstig ist.

Das Kurs-Buchwert-Verhältnis (**KBV**) lässt sich genauso wie das KGV berechnen. Der Buchwert gibt die Summe an Geld an, die das Unternehmen erhalten würde, wenn es alle seine Werte wie Maschinen, Hallen, Patente, Lagerbestände usw. liquidieren würde. Auch hier musst du die Sache immer relativ zum Unternehmen sehen. Technologie- sowie Handelsunternehmen weisen generell ein deutlich höheres KBV aus. In diesen Sektoren kann man das KBV eigentlich nicht als aussagekräftiges Werkzeug verwenden. Du kannst es eigentlich nur in klassischen Branchen wie Maschinenbau, Chemie, produzierendes Gewerbe und Finanzwesen klar einsetzen. Dort gilt: Liegt der KBV bei unter 1, dann ist das Unternehmen ein Schnäppchen, denn du zahlst dann weniger Geld für die Aktie als die Besitztümer wert sind, die direkt mit der Aktie verbunden sind. Liegt das KBV über 2, dann ist dieser Aktientitel schon als teuer, oder wie ich gerne immer sage, als „sportlich bewertet“, anzusehen.

Die **Eigenkapitalrendite** ist die Rendite, die das Unternehmen auf ihr tatsächlich eingesetztes Kapital erzielt. Diese Kennzahl kannst du nur bei Unternehmen sinnvoll zur Analyse verwenden, bei denen seit mehreren Jahren ein Gewinn vorhanden ist. Unter dieser Voraussetzung ist eine Eigenkapitalrendite von mindestens 10 % und mehr als Signal für ein gut profitabel wirtschaftendes Unternehmen zu sehen. Es gibt auch viele Unternehmen, die weitaus höhere Renditen erwirtschaften, was für dich als Aktionär natürlich noch viel besser ist und ab einem Wert von 25 % ist es schon ein sehr schlagkräftiges Kaufargument und du solltest es so stark wie eine der ersten 5 Regeln gewichten.

Regel 9
Schenke unnützen Kennzahlen nicht zu viel Aufmerksamkeit!
Kennzahlen, von denen du bis jetzt in meinem Buch noch nichts gelesen hast, haben kaum oder gar keine Relevanz für die zukünftige Entwicklung eines Aktienkurses.

Regel 10
Kaufe nur, wenn du voll und ganz von der Aktie überzeugt bist!
Solltest du bei einer Aktie die ersten 9 Regeln angewendet haben und du dir trotzdem nicht sicher sein, ob du sie kaufen solltest, so lautet die Antwort definitiv „Nein!". Du musst beim Aktienkauf immer völlig überzeugt von dem sein, was du tust, um ein erfolgreiches Investment tätigen zu können. Es muss bei dir ein richtiger Wow-Effekt vorhanden sein, der dich sagen lässt: „Diese Aktie ist klasse, die muss ich unbedingt in meinem Depot haben!".

Mit diesen 10 Regeln sollte dir nun die Auswahl der richtigen Aktien keine Probleme mehr bereiten. Das Wichtigste überhaupt bei der Auswahl einer Aktie ist immer folgender Leitsatz: SCHALTE DEINEN GESUNDEN MENSCHENVERSTAND EIN!! Dieser Leitsatz sollte an oberster Stelle stehen. Du wirst sehen, wenn du bei deiner Auswahl meine 10 Regeln richtig anwendest, machst du das schon automatisch.

Du solltest meine 10 Regeln aber bitte nicht als perfekte und felsenfeste Gesetze betrachten. Die Regeln sollen dir nur einen Handlungsrahmen vorgeben, dem du nachgehen kannst, um nach und nach meine Regeln in deine eigenen Regeln abzuwandeln und anzupassen. Es gibt keine unfehlbaren Regeln, die für jeden immer und überall gelten. Stattdessen sind Regeln im Bereich der Aktien etwas Individuelles und für jeden Einzelnen ein bisschen anderes. Jeder Investor muss seine eigenen Regeln finden, diese dann nach und nach optimieren. Erst dann wird auch sein Börsenerfolg nach und nach steigen.
Also nimm dir meine Regeln als deine Grundbasis und passe sie im Verlauf deiner Aktieninvestitionen an deine Persönlichkeit an. Dann klappt's.

1.5. Dinge, die du generell beim Aktienhandel beachten solltest

Neben den Regeln für die richtige Auswahl deiner Aktien, die du dir kaufen willst, gibt es auch noch einige Dinge, die Du generell beim Investieren in Aktien beachten solltest.

Kosten im Auge behalten

Großer Kostenpunkt Nummer eins im Aktienhandel ist die Bank oder der Broker, bei dem du dein Aktiendepot eröffnest. Generell gilt die Regel, dass Onlinebroker und Direktbanken (Onlinebanken) deutlich günstigere Konditionen anbieten als klassische Filialbanken. Die kostengünstigen ETF Sparpläne sind beispielsweise bei fast allen Direktbanken kostenlos. Jährliche Depotführungsgebühren, wie sie bei klassischen Banken üblich sind, gibt es bei ihnen ebenfalls nicht.

Sowohl beim klassischen Kauf und Verkauf von Aktien, als auch bei einem einzelnen Kauf oder Verkauf eines ETFs, fallen natürlich auch bei den Onlinebanken Handelsgebühren an. Doch gibt es auch hier erhebliche Unterschiede. Manche Dienstleister sind besser für Leute geeignet, die sehr viele Trades (Kauf oder Verkauf) durchführen, für die weniger Aktiven sind wiederum andere Anbieter kostengünstiger. Deshalb empfehle ich dir, dass du immer vor

der Eröffnung eines Depots einen Blick in das sogenannte Preis und Leistungsverzeichnis wirfst, um dort herauszufinden, wer für dich die besten Konditionen bietet.
Manche Broker bieten auch vergünstigte Kosten, speziell für junge Menschen oder Studenten, an. Um die Kosten im Verhältnis zu deinen Investitionsvolumina gering zu halten, solltest du sowohl Käufe als auchVerkäufe von Wertpapieren nicht unter 1000 € tätigen. ETF-Sparpläne sind hiervon natürlich ausgenommen. Generell kann ich dir für eine Depoteröffnung die Consorsbank, Comdirekt und Flatex (für die, die viel handeln) empfehlen.

Schließe dich einem Verein an

Versuche unbedingt, nach Möglichkeit, dich einem Aktien- oder Investmentclub anzuschließen. Dort kannst du sehr viel von Investoren und alten Börsenhasen lernen. Zudem wirst du erfahren, was andere Investoren gerade bewegt, was aktuell für Andere interessant zum Investieren ist und du kannst an angeregten Diskussionen über Aktien und sonstigen Investments teilnehmen.
Also Suche nach einer solchen Organisation in deiner Nähe und schließe dich ihr an.

Die Verantwortung liegt allein bei DIR

Für deine Entscheidungen und Handlungen an der Börse bist alleine du selbst verantwortlich.

Nicht dein Freund, der dir einen Tipp gegeben hat, nicht der Banker, der dich beraten hat, nicht die Firma, von der die Aktien sind und auch nicht der Autor, dessen Buch du gelesen hast. Ganz alleine du bist verantwortlich und du sollst auch die schlussendliche Entscheidung treffen. Ich weiß, ich habe das nun etwas überdeutlich dargestellt, aber dies soll dir einfach nur zeigen, wie wichtig es ist, dass du verstehst, dass die Verantwortung allein bei dir liegt. Das gilt übrigens nicht nur für dein Handeln an der Börse, sondern für deine gesamten Investitionen, die du tätigst.

Immer etwas Liquidität halten

Du solltest dir immer etwas flüssiges Geld halten, das dafür bestimmt ist, kurzfristig investieren zu können, wenn sich eine Chance für eine besonders gute Investition bietet. Sozusagen eine Investitionsreserve. Immer wieder im Leben gibt es völlig unverhofft Möglichkeiten, so auch bei Investitionen. Vor allem im Bereich der Aktien bieten sich solche Chancen immer wieder mal, dass eine Aktie völlig übertrieben abschmiert und nun günstig zu haben ist. Es wäre eine absolute Schande, wenn du dir solch eine Gelegenheit entgehen lassen müsstest, nur weil du in diesem Moment nicht liquide genug bist. Dies sollte allerdings nicht deine eiserne Reserve für unvorhergesehene Notfälle, wie ein kaputtes Auto oder ein defektes Smartphone, sein. Für diese Notfälle solltest du eine extra Reserve haben und damit keinesfalls deine Investitionsreserve verschwenden, denn diese ist nur für Investitionen. Ich empfehle dir zu Beginn deiner Investitionskarriere, je nach deinen Möglichkeiten, dass du dich schnell darum bemühst, eine Investitionsreserve von ca. 1000 € aufzubauen. Solltest du schon etwas mehr Kapital zur Verfügung haben, so rate ich dazu, diese Reserve auf rund 5 % oder mehr deines gesamten Anlagenkapitals zu halten.

Lass dich nur von Praktikern beraten, niemals von Theoretikern

Wenn dich jemand über Börse, Aktien oder Wertpapiere belehren möchte, dann kannst du reinen Gewissens ablehnen, falls dieser Mensch nicht selbst in diesem Bereich mit seinem eigenen Kapital tätig ist. Was uns wieder zu den Bankern bringt. Sie stellen sich meist als ideale Geld- und Vermögensberater dar. Die meisten glauben dies leider sofort, was natürlich völlig verständlich ist, denn man denkt ja „wer soll schon mehr Ahnung von Geld, Börse und Aktien haben als ein Bankangestellter?". Diese Annahme ist jedoch leider der reinste Irrglaube. Kaum ein Banker besitzt selbst Aktien, die mit seinem Eigenkapital finanziert wurden. Sie können dir sicherlich viel über Theorie erzählen, aber nichts über die Praxis. Deshalb, tu dir selbst einen Gefallen und lass dich in diesen Themen nur von Menschen beraten, die auch wirklich selbst dort aktiv sind. In einem Aktienclub sollte es kein Problem sein, solche zu finden. Zugegeben, außerhalb eines solchen Vereins ist es nicht ganz einfach, einen Börsianer zu finden, da diese normalerweise keine auffällig protzigen Leute sind. Oft befinden sich mit etwas Glück in deinem direkten Umfeld Aktionäre, von denen du nie geglaubt hättest, dass sie welche sind. Solltest du mal Einen oder Eine ausgemacht haben, so hast du den schwersten Teil erledigt. Denn fast jeder Börsianer freut sich jederzeit, wenn ein anderer Börsianer oder Aktieninteressent ihn um einen Rat bittet oder einfach nur einen kleinen Plausch über die Börse halten möchte.

Ein paar Dividendentitel im Depot sind immer gut

Du solltest generell nicht nur Aktien kaufen, die keine Dividenden ausschütten. Natürlich kannst du das nicht von Anfang an beachten, aber spätestens deine vierte oder fünfte Aktie im Depot sollte ein zuverlässiger Dividendenzahler sein.

Solche zuverlässigen Dividendenzahler werden im Börsenjargon gerne als

„Dividendenaristokraten“ bezeichnet. Um diesen Titel zu verdienen, sollte das Unternehmen in den letzten 10 Jahren die Dividendenzahlungen niemals gekürzt, sondern im besten Fall natürlich jährlich erhöht haben. Hier musst du aber dringend beachten, dass meine Regel Nummer 5 für den Einzelaktienkauf eingehalten wird, sonst ist es definitiv kein Dividendenaristokrat, sondern ein baldiger Pleitegeier.
Der Vorteil bei der ganzen Sache ist, dass du regelmäßige Erträge aus deinen Investitionen erhältst, was dich motiviert, weiter kräftig zu investieren. Zudem erhältst du ein, heutzutage sehr gern gesehenes, passives Einkommen, für das kaum Arbeitsaufwand von Nöten ist. Das ist noch lange nicht alles. Ein kleiner Steuervorteil ist auch noch inklusive. Du erhältst nach Beantragung beim Finanzamt einen Freistellungsauftrag für deine jeweilige Bank. Dieser erlaubt dir bis zu einer Höhe von 801 € (verheiratete Paare bis zu 1602 €) steuerfreie Einnahmen aus Kapital und Zinserträgen. Solltest du ein Jahr lang keinen Grund haben, eines deiner Aktieninvestments zu liquideren, tust du das natürlich auch nicht. Aber leider würde dann dieser Steuerfreibetrag völlig ungenutzt bleiben. Über ein paar Dividendeneinnahmen jedoch kannst du garantieren, dass du ihn jedes Jahr nutzt. Denn

es fallen auf alles, was an Gewinnen im Jahr über diesen Betrag hinausgeht, 25 % Kapitalertragsteuer plus Soli und Kirchensteuer an.

Für die genauen Details zum Thema Steuern solltest du dich aber mit deinem Steuerberater oder deiner Bank auseinandersetzen, denn das Thema Steuern ist bei jedem individuell.

Investiere nur Geld, welches du 7 Jahre oder länger nicht benötigst, in Aktien

Die Börsen sind eine volatile Investitionsmöglichkeit. Volatil kommt aus dem Lateinischen (volatilis) und bedeutet ‚veränderlich', ‚beweglich', ‚flüchtig', ‚dampfförmig'. Das heißt also, deine Aktien können großen Kursschwankungen unterliegen. Zum Verständnis ist folgendes Szenario sehr hilfreich:

Angenommen, du möchtest dir von deinen Ersparnissen in 2 Jahren ein neues Auto gönnen. Allerdings möchtest du etwas mehr Geld ausgeben als du eigentlich dafür übrig hast. Deshalb legst du das Geld in Aktien an, um es zu vermehren. Dummerweise ist dein Einstiegszeitpunkt unglücklich, nämlich genau am Ende eines Börsenbooms. Der Crash kommt, deine Aktien verlieren die Hälfte an Wert

und du musst dir einen Fiat statt einen Mercedes kaufen.
Wenn du in gute Unternehmen investierst, wird dein Geld langfristig mehr werden. Aber in einem Börsencrash verlieren selbst die besten Papiere einen großen Teil ihres Wertes. In der Regel kannst du davon ausgehen, dass selbst wenn du den unglücklichsten Zeitpunkt an der Börse erwischst, deine gekauften Aktien nach 7 Jahren einen höheren Wert haben als zu dem Zeitpunkt, an dem du eingestiegen bist. Natürlich unter der Voraussetzung, dass du in gute Unternehmen, nach meinen 10 Regeln, investiert hast.
Das soll jetzt nicht heißen, dass du grundsätzlich jahrelang auf Gewinne warten musst, es soll dich nur davor schützen, unnötige Verluste zu erleiden, weil du aus dem Markt aussteigen musst, um das Geld anderweitig zu verwenden.

Sichere Gewinne ab und begrenze Verluste

Das solltest du vorzugsweise bei allen Aktien machen, bei denen du vor hast, sie nicht mehr als 5 Jahre zu halten. Zudem ist es für die etwas risikoscheueren Investoren eine gute Möglichkeit, etwas Risiko aus der Sache heraus zu nehmen. Aber was genau sollst du dann tun?

Stell dir vor, eine deiner Aktien steigt zuerst um 30 % im Kurs an, danach setzt eine Abwärtsbewegung ein, die noch stärker ist, beispielsweise 60 %. So bist du am Ende in der blöden Situation, dass aus einem Gewinn plötzlich ein Verlust wird. Um das zu vermeiden, solltest du bei deinen meisten Aktien einen sogenannten Stopp-Loss setzen. Das heißt, du gibst bei deiner Bank einen Kurs an, der unter dem aktuellen Kurs liegt. Sollte nun der Kurs der Aktie unter deinen angegebenen Stopp-Loss fallen, so wird die Aktie automatisch verkauft. Zusätzlich könntest du auch noch ein Limit einbauen, also einen Mindestpreis, den du für deine Aktie möchtest, wenn sie unter den Stopp-Loss gefallen ist. Durch dieses Instrument hast du also die Möglichkeit, von Anfang an Verluste auf dein persönliches Maximum zu begrenzen, welches du verkraften kannst. Logischerweise kannst du dir so auch Kursgewinne absichern, dass du trotz eines eventuell fallenden Kurses mit Gewinn aus dem Geschäft heraus gehst.

Du musst darauf achten, dass der Abstand vom aktuellen Börsenkurs zum Stopp-Loss nicht nur zu deiner eigenen Risikotoleranz, sondern auch zur Aktie passt. Bei internationalen Großkonzernen mit starker Marktstellung und hoher Marktkapitalisierung von mindestens 50 Milliarden Euro, ist in der Regel eine

Verlustgrenze von rund 20 % ganz sinnvoll. Sollten die Kursverluste bei solchen Konzernen noch größer sein, bist du vermutlich in einem Börsencrash und kannst zu einem späteren Zeitpunkt noch einmal deutlich günstiger wieder einsteigen.

Bei kleineren AGs, die sich in Nischen oder in einer neuen Technologie befinden, solltest du die Verlustgrenze nicht so eng sehen, denn solche Titel besitzen eine erheblich höhere Volatilität (Schwankungsbreite). Hier empfiehlt sich eher der Bereich zwischen 30 bis 40 Prozent unter dem aktuellen Kurs.

Bei den Aktien, die du nur hast, um die Dividende zu kassieren, oder bei denen du der felsenfesten Überzeugung bist, dass das jeweilige Unternehmen in 10 oder 20 Jahren eine viel größere Hausnummer ist als bisher, solltest du aber keinen Stopp-Loss setzen. Falls du für den ruhigeren Schlaf doch einen brauchen solltest, dann setze ihn wenigstens nicht zu eng, sondern mindestens um 60 tiefer als deinen Einstiegskurs.

Führe ein Börsentagebuch

In einem Börsentagebuch vermerkst du dir sämtliche wichtige Daten über Wertpapiere die du dir gekauft hast. Zudem notierst du dir wann du gekauft hast, zu welchem Kurs welche Menge, wie und wann du sie wieder verkauft hast. Das hat ganz einfach den Sinn und Zweck, dass du dadurch immer einen Überblick deiner getätigten Investitionen hast und somit auch Wiederholungen deiner bisher gemachten Fehler vermeiden kannst. Es ist einfach ein super Werkzeug, um möglichst viel aus deinen eigenen Erfahrungen zu lernen.

Ein vorgefertigte Börsentagebuch zum selbst eintragen findest du auf Amazon:
ISBN: 978 1980397502

Cat Bonds

Nein, das hat nichts mit Katzen zu tun, sondern cat ist die Abkürzung für das englische Wort catastrophe.

Cat Bonds sind Anleihen, deren Kapital im Falle großer Naturkatastrophen genutzt wird, um den Wiederaufbau schnell zu finanzieren.

Sogenannte Rückversicherer versichern die eigentlichen Versicherungsgesellschaften gegen Zahlungen an ihre Kunden.

Sollten nun, was bei Naturkatastrophen üblich ist, die Rückversicherer ebenfalls einen Versicherer benötigen, so greifen die Cat Bonds ein und sorgen für die finanzielle Unterstützung.

Die Wahrscheinlichkeit, dass die Gelder der Cat Bonds benötigt werden, ist generell als eher gering einzuschätzen. Für das Risiko, trotz dem Fall, dass es gering ist, erhält der Investor, der die Anleihe finanziert, Zinsen. Diese liegen in der Regel zwischen 5 und 8 Prozent. Direkt in diese Anleihen zu investieren wäre nicht sonderlich clever. Da an einem Ort gleich mehrere Naturkatastrophen passieren können, solltest du zur Risikostreuung deine Beteiligung an Cat Bonds auf der ganzen Welt verteilen. Aus diesem Grund gibt es Investmentfonds, die sich nur damit beschäftigen, in Cat Bonds zu investieren.

Im Vergleich zu den klassischen Fonds, die mit Aktien und / oder Anleihen gespickt sind, haben

Cat Bonds Fonds niedrige Verwaltungsgebühren, in der Regel von rund einem Prozent. Ausgabeaufschläge gibt es keine oder sie sind meist nicht höher als 2 %. Nun kommt allerdings der Haken. Fast bei allen solchen Fonds gibt es einen Mindestanlagebetrag, der bei rund 5.000 € liegt. Um eine solche Summe in die Katastrophenanleihen zu investieren, solltest du ein Anlagevermögen von 25.000 € oder mehr zur Verfügung haben.

Aber kein Problem, hierfür gibt es eine Lösung. Wie für fast alle Arten von Wertpapieren gibt es glücklicherweise auch für Cat Bonds einen Index. Bei den Katastrophenanleihen hört dieser auf den klangvollen Namen „CS Iris Balanced Cell Index". Finanzinstitute bieten auf Indizes Zertifikate an, die 1 zu 1 der Entwicklung des Index entsprechen. Auf den Cat Bonds Index ist mir leider nur ein **Zertifikat** von der Credit Suisse mit der Wertpapierkennnummer (WKN) A0SN3Y bekannt. Dies ist aber bei Indexzertifikaten nicht weiter schlimm. Hauptsache, die jährliche Verwaltungsgebühr beträgt nur rund 1 %. So ist das auch bei diesem.
Einen Ausgabeaufschlag gibt es nicht, da du Indexzertifikate direkt über die Börse kaufen kannst. Alle Wertpapiere, die an den deutschen

Börsen gehandelt werden, erhalten eine WKN, um eine Verwechslung mit anderen Papieren auszuschließen.
Sowohl dieses Zertifikat als auch der Index weisen eine relativ stabile Wertentwicklung auf.
Zudem ist es als sehr positiv zu bewerten, dass es eine Anlage ist, die sich völlig unabhängig von anderen Anlagen an der Börse oder auch Immobilien entwickelt. Es ist eher ein Investment für risikoscheue Anleger.
Allerdings haben es alle Investoren hier leicht . Deshalb erhöht sich die Zahl der Investoren, die sich hier alle eine kleine Position als solide Grundlage aufbauen.
Du solltest unbedingt bedenken, dass du hierbei nur Renditen zwischen 3 und 7 Prozent pro Jahr erwirtschaften kannst. Sicherlich ist es deutlich besser als ein Tagesgeldkonto bei nur gering höherem Risiko. Wenn du allerdings langfristig ein ordentliches Vermögen aufbauen willst, solltest du bei den meisten deiner Investitionen 8 % oder mehr herausholen.

Bei solchen Zertifikaten solltest du nie vergessen, dass es eben ein Zertifikat ist. Für dich als Investor bedeutet das, dass es kein wirklicher Sachwert ist. Sollte also das Finanzinstitut, welches das Zertifikat emittiert hat, pleitegehen und die Zertifikate nicht zurück kaufen können, so ist dein Geld höchstwahrscheinlich weg.

Ehrlich gesagt halte ich persönlich nicht sehr viel von Zertifikaten, allerdings ist es im Bereich der Cat Bonds die beste Möglichkeit, um mit kleinem Kapital zu investieren.

2. P2P-Kredite

Dies ist eine relativ neue Investitionsmöglichkeit, die erst durch die New Economy (Informationszeitalter) möglich wurde und deshalb erst seit einigen Jahren existiert. Zudem gibt es aufgrund der noch nicht allzu langen Verfügbarkeit der P2P Kredite auch noch relativ wenig aktive Investoren in diesem Gebiet und auch wenige, die sich damit ernsthaft befassen.

P2P ist die Abkürzung von „peer to peer" und bedeutet frei übersetzt so viel wie „von Person zu Person". Das bedeutet also eine Kreditvergabe direkt von der einen Privatperson zur anderen Privatperson, ohne dass dort, wie im klassischen Kreditgeschäft, eine Bank dazwischen ist.

Für den Geldgeber bedeutet das einen erheblichen Vorteil, denn wenn keine Bank dazwischen ist, wie im klassischen Kreditgeschäft, die sich erst das Geld vom Geldgeber holt und es dann an den Kreditnehmer weitergibt, ist für den Geldgeber am Ende ein deutlich höherer Gewinn möglich.

Bei den P2P-Krediten gibt es Plattformen, die in der Regel nur als reine Vermittler zwischen Kreditnehmer und Gläubiger agieren und sich nicht das Geld bei Anlegern besorgen, wie es Banken machen, um es dann nach ihrem Gewissen weiter zu verwenden. Die Plattformen finanzieren sich meist durch Provisionen, die sie von den Kreditnehmern für die Vermittlung des Kredites erhalten.

Wenn du schon von solchen Privatkrediten gehört hast, so hast du sicherlich auch schon die These gehört, dass dort ja nur Personen einen Kredit beanspruchen, die bei einer klassischen Bank keinen bekommen würden. Sicherlich mag das bei dem ein oder anderen Kredit so sein. Doch wenn man weiß, wie dieses Geschäft funktioniert, kann man solche Kredite nahezu komplett umgehen. Wie dies funktioniert erfährst du natürlich noch im weiteren Verlauf des Buches.

Es lohnt sich wirklich, sich mit dem Thema P2P auseinanderzusetzen, denn du kannst Rendite von 8 bis 20 % erzielen und deine Gewinne sind zudem gut kalkulierbar. Allerdings solltest du nicht vergessen, dass in der Regel mit der Rendite auch das Risiko steigt.

2.1. Verschiedene Funktionsweisen von P2P-Kreditplattformen

Grundsätzlich gibt es drei verschiedene Gruppen von P2P-Plattformen, wenn man sie nach ihrer Funktionsweise einordnet.

Funktionsweise 1:
Hierbei werden die Kredite an die jeweiligen Kreditnehmer von der Plattform selbst vergeben und dann auf der Plattform zur Investition angeboten. Wenn du dich nun als Investor auf der Plattform anmeldest, so hast du die Möglichkeit, von bereits laufenden Krediten Anteile zu kaufen. Da die Kredite schon laufen, wenn sie in deine Hände fallen, hat das für dich den Vorteil, dass dein investiertes Kapital sofort arbeiten kann und nicht ohne Verzinsung gebunden ist bis der Kredit bewilligt wird. Somit kannst du stärker vom Zinseszinseffekt profitieren.
Allerdings birgt diese Funktionsweise auch das höchste Risiko, auf eine Pleite der Plattform. Sollten gleichzeitig zum einen zu wenige Investoren vorhanden sein, die der Plattform Kreditanteile abkaufen und zum anderen sehr viele Kredite ausfallen, an denen die Plattform Beteiligungen hält, so kann der P2P Anbieter sehr schnell in einen Liquiditätsengpass

geraten, der letzten endes schnell zur Pleite führt.

Funktionsweise 2:
Diese Funktionsweise ist fast gleich der ersten. Sie hat nur den kleinen Unterschied, dass die Kredite nicht von der Plattform selbst, sondern von einer 4. Partei vorfinanziert werden. Diese 4. Parteien werden in der Regel „Darlehnsanbahner" genannt. Sie vergeben die Kredite an die Privatpersonen und bieten sie dann auf der Plattform zum Verkauf an die Investoren an. Das Pleiterisiko von der Funktionsweise 1 betrifft hier nun nicht mehr die Plattform selbst, sondern die Darlehnsanbahner. Da es aber von diesen immer mehrere gibt, die ihre Darlehen auf der Plattform anbieten, sinkt das Gesamtrisiko deutlich ab.

Funktionsweise 3:
Bei dieser Art werden die Kredite von keiner Institution vorfinanziert. Die Person, die einen Kredit möchte, kommt auf die Plattform zu und beantragt einen Kredit. Die Plattform übernimmt nun die Prüfung von Zahlungsfähigkeit, Zahlungsmoral usw. und gewährt letzten endes dann den Kredit. Die Plattform stellt dann den Kredit den Investoren zur Verfügung, um ihn zu finanzieren. Ist genug Geld von den Investoren für den Kredit zur Verfügung gestellt worden, so

startet dieser. Kommt nach einer bestimmten zeitlichen Frist nicht genug Geld zusammen, so wird der Kredit doch nicht gewährt und die Investoren erhalten ihr Kapital zurück. Für dich als Investor ist bei dieser Funktionsweise der Zinseszinseffekt etwas geringer, da immer ein Teil deines Geldes ohne Verzinsung in Krediten steckt und darauf wartet, dass genug Investorengelder zusammenkommen, um das Darlehen zu finanzieren. Diese Schwächung des Zinseszinseffekts ist nicht sonderlich gravierend. Solltest du allerdings größere Probleme damit haben, so kannst du bei deinen Investitionen eher auf Kredite mit hoher Laufzeit setzen. Dadurch musst du dein Geld seltener in neue Kredite stecken und dadurch hast du auch weniger Kapital, das auf die Einsammlung der restlichen Investorengelder wartet.

Bei Funktionsweise 3 ist das vorher besagte Pleiterisiko durch einen Liquiditätsengpass nicht vorhanden. Einzig und allein du als Investor verlierst ab und zu etwas Geld, wenn ein paar deiner Kredite ausfallen. Dies ist allerdings ganz normaler Alltag im P2P Geschäft und nicht weiter schlimm, denn die Ausfälle werden in der Regel durch die hohen Zinsen kompensiert, sodass du sie kaum merken würdest.

2.2. Auf diese Regeln musst du grundsätzlich bei P2P-Investitionen achten

Schon wieder Regeln?! Aber wie auch bei deinen Aktieninvestitionen sollen auch diese Regeln für dich keine starren Vorgaben sein. Sie sollen dir eine einfache Hilfestellung sein, um größere Fehler und Verluste zu vermeiden und dir natürlich auch deine Rendite erhöhen.
Ich formuliere solche Handlungsempfehlungen, Erfahrungen oder Tipps eben sehr gerne als Regeln. Das soll dir dabei helfen, ein Gefühl dafür zu bekommen, wie wichtig es ist, sich daran zu halten. Sie sind nämlich wirklich wichtig!

Regel 1
Investiere nur den Mindestbetrag!
Jede P2P-Plattform legt einen Betrag fest, den du pro Kredit mindestens investieren musst. Bei den meisten Plattformen liegt dieser zwischen 5 und 25 Euro. Du solltest deshalb nicht mehr als die Mindestmenge pro Kredit investieren, sodass du dein Geld auf möglichst viele Kredite verteilen kannst, um deine Diversifikation zu maximieren.
Im Vergleich zu anderen Investments, wie Aktien oder Immobilien, ist bei P2P-Anlagen

eine möglichst hohe Diversifikation noch viel wichtiger, wenn nicht sogar das Wichtigste überhaupt. Sie sorgt beim Investieren in Privatkrediten dafür, dass ausfallende Kredite dich nicht in die Verlustzone bringen und Zahlungsverzüge keine Dellen in deinen Cashflow (bei P2P setzt sich dein Cashflow sowohl aus den erhaltenen Zinsen sowie den Gewinnen und Verlusten aus Kauf und Verkauf von Krediten zusammen) hauen. Würdest du nun nicht den Mindestbetrag investieren, sondern beispielsweise 100 oder 200 Euro, so kann dich das sofort in rote Zahlen führen, falls dieser ausfällt.

Solltest du etwa 3.000 € oder mehr bei einer Plattform investieren wollen, dann kannst du natürlich auch etwas mehr als den Mindestbetrag investieren. Denn nun besitzt du aufgrund einer höheren Anlagesumme automatisch die Möglichkeit, in mehrere Kredite zu investieren. Zudem kann es durchaus mal sein, dass eine Kombination von hohem Kapital deinerseits und einer geringen Verfügbarkeit an investitionswürdigen Krediten dazu führt, dass du dein Geld einfach nicht investieren kannst, wenn du deinen Anlagebetrag je Kredit nicht erhöhst.

Allerdings empfehle ich dir, niemals mehr als 25 € in ein Darlehen zu stecken, ehe du nicht mehr als 10.000 € auf der Plattform arbeiten lässt.

Regel 2
Taste dich langsam ran!
Wenn du dich neu bei einer Plattform anmeldest, dann zahle nicht gleich mehrere tausend Euro ein. Nimm dir für die ersten 2 - 3 Monate maximal 1.000 €, um sie bei einem P2P-Anbieter gewinnbringend anzulegen. Am besten, du startest nicht sofort mit allzu viel, da du dich erst einmal mit der Sache generell, der Funktion sowie den Vor- und Nachteilen der jeweiligen Plattform und dem P2P-Verfahren vertraut machen solltest.
Das gilt übrigens nicht nur für deine generelle erste Anlage, sondern auch dann, wenn du in eine neue Plattform investierst.

Regel 3
Kaufe zu Beginn nur Darlehen mit kurzer Laufzeit!
Diese Vorgehensweise bietet dir einfach den großen Vorteil, dass du schnell wieder aus der Sache rauskommst, wenn du erkennst, dass dir die Plattform oder generell die P2P-Branche nicht taugt. Deshalb ist meine Empfehlung, dir zu Beginn nur Kredite mit einer Laufzeit von maximal 6 Monaten in dein Portfolio zuzulegen.

Regel 4
Investiere in 2 - 3 Plattformen!

Solltest du dich in deiner ersten P2P-Plattform nach einiger Zeit etwas eingearbeitet haben, so macht es sehr viel Sinn, dich nach und nach noch bei ein bis zwei weiteren Anbietern anzumelden. Das ist vor allem beim Thema Diversifikation wichtig, da sich diese leicht durch das Anlegen bei mehreren Plattformen erhöhen lässt. Vor allem schützt es deine Gesamtinvestition, sollte mal eine der Plattformen pleitegehen. Dies halte ich aber für ein eher moderates Risiko, zumal bei einer Pleite kaum dein ganzes Geld verloren sein wird.

Trotzdem solltest du nicht bei 10 oder gar noch mehr Plattformen angemeldet sein. Man erhält dadurch nicht den gewünschten Effekt, dass man dadurch eine wirkliche Risikosenkung erreichen kann, die durch Diversifikation gerne betrieben wird. Ganz im Gegenteil, dadurch steigt dein Risiko wieder. Denn bei immer mehr Anbietern hast du auch immer mehr Verwaltungsaufwand und irgendwann auch eine Garantie dafür, dass du den Überblick völlig verlieren wirst. Dann bist du auch kein Investor mehr, sondern ein Tester.

Deshalb meine Empfehlung: investiere in nicht mehr als 2 bis 3 Plattformen. Solltest du dich absolut nicht zwischen den Anbietern entscheiden können, dann entscheide dich in diesem einen Ausnahmefall für 4, aber das muss das absolute Maximum sein.

Regel 5

Wähle Plattformen aus verschiedenen Ländern, mit Krediten in unterschiedlichen Ländern!

Wenn du dich an diese Regel hältst, minimierst du dein Länderrisiko. Die meisten Plattformen sind in mehreren Ländern aktiv. Solltest du dann irgendwann soweit sein, dass du dich bei weiteren Anbietern anmeldest, so ist es sehr empfehlenswert, dass sich die Länder möglichst wenig „überschneiden". Also, dass nicht alle Plattformen bei denen du dich anmeldest, Kredite aus den gleichen Ländern anbieten.

Regel 6

Nutze den Sekundärmarkt, falls einer vorhanden ist!

Einige Plattformen bieten einen Sekundärmarkt an. Man kann es als eine Börse für Kredite bezeichnen. Dort kannst du Kredite von anderen Investoren abkaufen oder deine eigenen an Andere verkaufen. Es ist möglich, die Darlehen mit Preisaufschlägen oder auch Abschlägen zu handeln. So kannst du durch Handelsgewinne deine Rendite etwas erhöhen. Dazu gebe ich dir später noch gezielte Tipps, wenn wir genauer auf die einzelnen Anbieter eingehen. Der zweite

Grund weshalb ein Sekundärmarkt für dich sinnvoll ist, ist der, dass es dir so möglich ist, deine Kredite zu liquidieren, wenn du dein Geld nicht mehr in der P2P-Branche investieren willst. Leider ist das reine Verkaufen, um deine Kredite zu Cash zu machen, in der Regel nur sehr begrenzt möglich, ohne dabei Verluste zu erzeugen. Natürlich kannst du die Börse für Kredite auch nutzen, um den Ein oder Anderen loszuwerden, den du nicht mehr in deinem Portfolio haben möchtest.

Regel 7

Investiere nur Geld, welches du mindestens 3 Jahre nicht benötigst, im P2P-Markt!

Klar ist es dir auch einfach möglich, nur auf Kredite mit kurzer Laufzeit zu setzen. Oder du kannst dein Portfolio auch mit etwas Glück und Preisabschlägen komplett verkaufen. Allerdings sind beides nicht unbedingt die besten Wege, um im P2P-Bereich zu investieren, es sei denn, es macht dir keine Probleme, wenn du deshalb Abstriche bei der Rendite machen musst. Ich empfehle dir allerdings, die Sache richtig zu machen und das heißt konkret, dass du eine langfristige Investition tätigen solltest. Dabei ist es dir auch möglich, eine deutlich höhere jährliche Rendite zu erwirtschaften, weil du dich dann nicht ständig darum kümmern musst, in so und so vielen Monaten wieder „raus“ sein zu müssen.

Regel 8
Die Verwendungszwecke „Hypotheken“ und „Pfandkredite“ solltest du eher meiden!

Die Verzugs- und Ausfallraten von Hypotheken und Krediten, die zur Finanzierung von bereits gepfändetem Hab und Gut verwendet werden, sind extrem hoch. Fast die Hälfte dieser Kredite ist in der Regel in einem langen Verzug oder fallen sogar komplett aus. Bei den Pfandkrediten hängt das sicherlich mit der offensichtlich angeschlagenen finanziellen Situation des Kreditnehmers zusammen, der aufgrund von Liquiditätsproblemen sein Eigentum verpfänden musste.

Bei den Hypotheken hingegen ist es auf die meist extrem hohe Laufzeit der Darlehen zurückzuführen. Die Laufzeit beträgt bei solchen P2P-Krediten meist 5 Jahre oder noch länger. Es ist bei Privatkrediten generell sehr auffällig, dass sehr lange Laufzeiten mit hohen Ausfallraten und Zahlungsverzügen eng verbunden sind. Deshalb ist es sehr empfehlenswert, die beiden benannten Verwendungszwecke sowie Kreditlaufzeiten von mehr als 4 Jahren, nicht in dein P2P-Portfolio aufzunehmen.

Regel 9
Ein kleiner Zahlungsverzug ist kein Grund zur Panik!

Leider geraten viele P2P-Anleger schnell in Panik, wenn mal ein paar Kredite wenige Tage im Zahlungsverzug sind. Dann werden die Darlehen mal schnell mit erheblichen Preisabschlägen auf dem Sekundärmarkt verkauft, falls genau dann einer vorhanden ist.

Dies solltest du auf keinen Fall tun! Selbst im klassischen Kreditgeschäft, aber im P2P-Bereich noch stärker, ist es absoluter Alltag, dass Tilgungen und Zinsen nicht immer genau an dem Datum, wie im Rückzahlungsplan festgelegt, gezahlt werden. Es klingt verrückt, aber viele Kreditnehmer vergessen auch ab und zu, dass sie ja einen Kredit abzuzahlen haben. Deshalb trudeln sehr viele Zahlungen 2 bis 3 Tage später ein.

Sollten die Zahlungen tatsächlich etwas verzögert erfolgen, so bringt es für dich sogar einen kleinen Rendite-Booster mit sich, denn dann erhältst du zusätzlich noch etwas Verzugszinsen.

Also, mach dir keine Sorgen wegen ein paar Tagen Zahlungsverzug und bleib ganz cool und verkaufe auf keinen Fall die betroffenen Kredite auf dem Sekundärmarkt, schon gar nicht zu irgendwelchen Schleuderpreisen.

2.3. Die richtige Plattform wählen

Fast das Wichtigste überhaupt, bei der Geldanlage in P2P, ist die Wahl der richtigen Plattform(en). Es gibt einige wichtige Kriterien, die du beachten solltest, um eine gute Wahl zu treffen.

Kriterium 1:
Das monatliche Kreditvolumen!

Das monatliche Kreditvolumen ist der Gesamtbetrag an Krediten, die die jeweilige P2P-Plattform den Investoren bzw. den Kreditnehmern innerhalb eines Monats zur Verfügung stellt. Hier gilt definitiv: je mehr monatliches Kreditvolumen, desto besser für dich als Investor. Ein hohes Volumen garantiert dir zum einen eine größere Auswahl an Anlagemöglichkeiten. Zum anderen hast du nicht das Problem, keine guten Kredite mehr auszumachen, nur weil ein paar neue Investoren auf der Plattform sind oder weil dir die bestehenden Investoren alles vor der Nase wegkaufen.

Meine grundsätzliche Empfehlung lautet daher: Lege dein Geld nur bei Plattformen an, die ein monatliches Kreditvolumen von mindestens 1 Million € aufweisen können. Hier gilt: je höher, desto besser.

Kriterium 2:
Setze auf die Größen der Region!

In vielen Ländern gibt es mittlerweile fast 10 verschiedene Anbieter von P2P-Plattformen. Aber hier gilt ähnliches wie beim Aktienkauf: suche nach denen, die die Branche bzw. die Region beherrschen.

In den letzten 1 bis 2 Jahren sind sehr viele neue Plattformen aus dem Boden geschossen. Möglicherweise geht das auch noch einige Zeit so weiter. Aufgrund der großen Anzahl, die mittlerweile vorhanden ist, ist davon auszugehen, dass mittelfristig sehr viele Plattformen wieder vom Markt wegfallen werden.

Damit will ich nicht sagen, dass alle kleinen Anbieter pleitegehen werden, aber es werden viele einfach wieder verschwinden, weil sie nicht profitabel genug sind oder von einem größeren Konkurrenten übernommen werden.

Setze also auf die Chefs oder noch besser den absoluten Chef der Region und schon kannst du einem eventuell unnötigen Verwaltungs- und Umschichtungsaufwand aus dem Weg gehen.

Kriterium 3:
Setze auf Länder mit schlechter Bankenstruktur!

Deutschland beispielsweise hat eine exzellente Bankenstruktur. Das heißt also, es gibt viele große Banken im Land und in fast jedem noch so kleinen Dorf sitzt eine Filiale irgendeiner Bank. In diesen Ländern ist es also für eine Privatperson aufgrund dieser Bankenstrukturrelativ leicht, an einen Kredit zu kommen. Bekommen diese Leute in einem solchen Land jedoch aufgrund schlechter Kreditwürdigkeit bei keiner Bank ein Darlehen, so gehen sie zu einer P2P-Plattform.

In Ländern mit einer schlechten Bankenstruktur, wie beispielsweise in Osteuropa oder manchen südeuropäischen Ländern, sieht das ganz anders aus. Dort haben Privatpersonen kaum die Möglichkeit, einen Kredit zu bekommen. Und falls doch, dann ist dies meist mit großem Aufwand verbunden, der sich bei einer Kreditsumme von nur ein paar hundert Euro nicht rentiert. Deshalb gehen in diesen Ländern fast alle Leute, auch diejenigen mit guter Bonität, zu den örtlichen P2P-Anbietern oder deren Partnern.

Das sollte dich als Investor nun darin bestärken, auf Länder mit einer schlechten Bankenstruktur zu setzen. So verringerst du den Anteil an Menschen, die bei einer klassischen Bank gar keinen Kredit bekommen würden. Zudem ist das generelle Zinsniveau in Osteuropa etwas höher als das in Mitteleuropa.

Kriterium 4:
Sekundärmarkt sollte vorhanden sein!

Da Kapitel über die Vorteile eines Sekundärmarktes und wie du diese nutzen kannst, hast du ja bereits gelesen. Folglich solltest du natürlich auch bei der Wahl deiner Plattform darauf achten, dass diese einen Sekundärmarkt besitzt.

Ein vorhandener Sekundärmarkt sollte für dich zwar kein ausschlaggebendes Kriterium sein, wenn es darum geht, ob du bei einer bestimmten Plattform investieren sollst, aber es ist eben „nice to have".

Kriterium 5:
Der Anbieter sollte sich bereits bewiesen haben!

Tu mir den Gefallen und parke dein Geld nicht bei einer Plattform, die erst seit gestern auf dem Markt ist. Zum einen ist es dann sehr schwer, alle anderen Kriterien richtig zu beurteilen, und zum anderen kann noch keiner sagen, ob sie überhaupt überlebensfähig ist.

Du solltest deshalb nur mit den Plattformen Geschäfte machen, die mindestens ein halbes Jahr aktiv auf dem Markt sind. Ich persönlich halte aber dennoch zwei Jahre als Minimum für sehr ratsam.

Kriterium 6:
Die Mindestinvestitionssumme je Darlehen sollte möglichst gering sein!

Wie wichtig dieser Leitsatz ist, hast du bereits in Kapitel 3.2 Regel 1 erfahren. Deshalb achte darauf, dass die Mindestinvestitionssumme nicht höher als bei 10 € liegt.

Solltest du vorhaben, sehr schnell auf mehrere tausend Euro an Investitionssumme hoch zu gehen, so ist auch noch die Summe von bis zu 25 € je Kredit in Ordnung. Aber dann solltest du wirklich mindestens 3000 € investieren, sonst ist deine Diversifikation einfach nicht groß genug.

Kriterium 7:
Erstattungen bei ausfallenden Krediten!

Bei einigen P2P-Anbietern gibt es die Möglichkeit, dass eine komplette oder teilweise Erstattung der Darlehenssumme erfolgt, falls ein Kredit eine bestimmte Zeit, meist 30 oder 60 Tage, überfällig ist. So musst du als Investor nicht das ganze Inkassoverfahren abwarten und womöglich noch am Ende einen Teil oder gar einen Komplettausfall des Kredits tatsächlich verkraften.

Die bekannteste Erstattungsweise ist die Rückkaufgarantie. Hierbei kauft einfach die Plattform selbst oder eine andere Institution den überfälligen Kredit vom Investor ab und zahlt im

den gesamten ausstehenden Betrag zurück; meist sogar mit Zinsen und Verzugszinsen.
Die zweite Variante ist der Verkauf an externe Inkassounternehmen. Plattformen ohne Rückkaufgarantie und ohne eigene Inkassoabteilung organisieren für ausgefallene Kredite den Verkauf an ein externes Inkassobüro. Meist bekommst du als Investor dann allerdings nicht die gesamte Summe rückerstattet, sondern nur 70 oder 80 %, denn das externe Inkassobüro will natürlich auch noch etwas Geld verdienen.
Die dritte Variante ist dann logischerweise, dass die Plattform keinerlei solche Erstattungsmöglichkeiten für ausgefallene Darlehen anbietet. Das ist aber absolut kein K.o.-Kriterium für die Plattform, denn diese haben dann in der Regel eine sehr gute Inkassoabteilung, die bei vielen Krediten sogar die ganze Summe, inklusive der Zinsen, eintreiben kann. Es kommt nur sehr, sehr selten vor, dass die ganze Kreditsumme futsch ist. Zumindest einen Teil holen die Inkassoleute fast immer für dich wieder heraus. Bei diesen Anbietern erhältst du statt Garantien eben höhere Zinsen.

Ich persönlich halte es nicht zwangsläufig für elementar, dass ein P2P-Anbieter solche Garantien aussprechen muss, um ein guter

Anbieter zu sein. Denn eine Garantie ist nur so lange gut wie auch der Anbieter, der sie garantiert hat, auch in der Lage ist, sie einzuhalten.

Sollten bei den Rückkaufgarantien plötzlich alle Kredite ausfallen, was eher unwahrscheinlich, aber dennoch möglich ist, so kann der Garantiegeber aufgrund von Liquiditätsproblemen möglicherweise nicht allen Rückkäufen nachkommen. Diese Tatsache solltest du bei solchen Garantien niemals vergessen. So gesehen kann manchmal ein Anbieter mit einer erstklassige Inkassoabteilung der bessere Weg sein.

2.4. Meine Favoriten unter den P2P-Anbietern

Aktuell bin ich persönlich bei zwei P2P-Plattformen aktiv, die auch meine absoluten Favoriten sind. Im Folgenden möchte ich dir diese zwei Plattformen deshalb etwas näher vorstellen. Ich möchte dir zeigen, auf welche Dinge du speziell bei diesen Anbietern achten musst, welche Vor- und Nachteile sie haben und wie du deine Rendite mit ein paar kleinen Tricks erhöhen kannst.

2.4.1. Mintos

Mintos ist, nach eigenen Angaben mit knapp 35.000 Investoren und einem monatlichen Kreditvolumen von weit über 10 Millionen €, die größte P2P-Plattform aus Lettland und ganz Europas, auf der du als deutscher Investor aktiv sein kannst.
Bei der Kreditvergabe nutzt Mintos als einzige Plattform die Funktionsweise 2. Du kannst bei Mintos in weit über 10 verschiedene Europäische Länder investieren, darunter sind z.B. Estland, Lettland, Litauen, Polen, Albanien, Bulgarien und Rumänien.
Ab einem Anlagekapital von 10 € kannst du bei Mintos investieren, da dies die Mindestanlage je Kredit ist. Mittelfristig empfehle ich dir mindestens 500 € in die Hand zu nehmen, um dein Risiko angemessen verteilen zu können.

Auf Mintos wird bei den meisten Krediten eine Rückkaufgarantie angeboten, diese sind mit einem entsprechenden gelben Symbol gekennzeichnet.
Die Garantie wird nicht von Mintos selbst gegeben, sondern von den Darlehensanbahnern, die den Kredit ursprünglich vergeben haben und ihn nun dir zur Investition zur Verfügung stellen.
Wenn der Schuldner den Tilgungs- und Zinszahlungen von über 60 Tagen nicht nachkommt, so greift die Rückkaufgarantie und der Darlehensanbahner kauft dir den kompletten Kredit wieder ab. Er erstattet dir obendrauf noch deine Zinsen sowie auch Verzugsgebühren.
Für die Kredite, für die Mintos keine Garantien vergibt, haben die jeweiligen Darlehensanbahner allesamt eine eigene Inkassoabteilung, um das Geld einzutreiben. Natürlich auch das Geld der Kredite, die sie dir abgekauft haben. Es ist also einleuchtend, dass die Inkassoabteilung ziemlich gut sein muss, wenn sie mit derselben Inkassoabteilung ihr eigenes Geld versuchen ein zu treiben.

2.4.2. Tipps für Investoren auf Mintos

Tipp 1:

Nutze den Autoinvestor!

Mit diesem Tool kannst du bei Mintos die Investition in neue Kredite völlig automatisiert laufen lassen. Das heißt, du musst also nicht zwingend jeden Tag in dein Portfolio schauen, wenn du das nicht möchtest. Am Anfang sollest du trotzdem wenigstens jeden zweiten Tag einmal reinschauen, bis du einmal den Bogen raus hast, wie alles funktioniert. Aber langfristig ist es dir durch den Autoinvestor möglich, nur ungefähr einmal im Monat bei deinem Mintos-Konto vorbeizuschauen Das allerdings ist Pflichtprogramm.

Auf fast jeder Plattform gibt es einen solchen Autoinvestor. Der auf Mintos ist jedoch zweifelsohne der beste. Du kannst unzählige Kriterien einstellen, die auf die Kredite zutreffen sollen, in welche du investieren möchtest. Dort sind einige Optionen aufgelistet, die du einstellen kannst.

Tipp 2:

Nutze den Sekundärmarkt!

Diesen Tipp kannst du nur umsetzen, wenn du dazu bereit bist, dein P2P-Portfolio etwas aktiver zu verwalten und nicht alles dem Autoinvestor zu überlassen. Generell gilt, dass du den Sekundärmarkt eher als Käufer anstatt als Verkäufer nutzen solltest, wenn du deine Rendite erhöhen möchtest. Du kannst immer wieder in regelmäßigen Abständen auf dem Sekundärmarkt vorbeischauen, ob nicht ein anderer Investor dringend Liquidität benötigt und seine aktuellen Kredite zum Schnäppchenpreis zum Verkauf anbietet. Bei Angeboten mit Rückkaufgarantie kannst du immer dann zuschlagen, wenn der Verkäufer einen Rabatt anbietet.

Was du fast immer finden wirst, sind ausgefallene Kredite ohne Rückkaufgarantie, die mit einem hohen Preisabschlag gehandelt werden. Als besonders attraktiver Rendite-Booster bieten sich hierbei Autokredite mit Preisabschlägen von 35 Prozent und mehr an - ideal sind 40 oder mehr allerdings kommt dies eher selten vor.

Du solltest unbedingt darauf achten, dass das Inkassobüro das Auto noch nicht verkauft hat. Das kannst du einfach im Kreditmenü unter Inkasso nachsehen. Nun dauert es ein paar Wochen, manchmal auch nur eine, bis der Wagen verkauft wird und meist fast die ganze Kreditsumme von den Verkaufserlösen zurückbezahlt werden kann. So bist du dann meistens schon ordentlich im Plus. Natürlich wird das Inkassobüro auch noch versuchen, die restliche Schuld einzutreiben, falls die

Verkaufserlöse des Autos nicht ausreichen. Allerdings kann diese Eintreibung dann bis zu einem Jahr Zeit in Anspruch nehmen. Mit dem Nutzen dieses Tipps kannst du deinen Gewinn erheblich steigern. Allerdings solltest du dabei auf jeden Fall beachten, dass hierbei dein Risiko erhöht wird. Deshalb empfehle ich dir den Kauf von ausgefallenen Autokrediten nur als kleine spekulative Beimischung.

Mit dem Verkauf von Krediten auf Mintos ist es kaum möglich, Gewinne zu erzielen, du kannst höchstens versuchen, ein paar deiner Kredite (aktuelle, keine ausgefallenen) mit 2 bis 3 Prozent Preisaufschlag anzubieten. Dabei musst du allerdings beachten, dass bei Mintos dem Verkäufer ein Prozent an Gebühren auf die Verkaufssumme abgeknöpft werden.

Tipp 3:
Währungstausch nutzen!

Bei Mintos gibt es die Möglichkeit, auch in anderen Währungen zu investieren. Dadurch schaffst du dir zwar ein Währungsrisiko an, jedoch wird dies meist mit höheren Renditen belohnt, da es für die Darlehensanbahner sehr schwierig ist, Kredite in osteuropäischen Währungen an den Mann zu bringen.
Sollte der Euro sogar fallen, so kannst du noch zusätzlich Währungsgewinne einfahren. Bei

steigendem Euro logischerweise Verluste. Allerdings sind diese Gewinne bzw. Verluste sehr begrenzt, da die meisten osteuropäischen Währungen entweder fest an den Euro gekoppelt sind oder die jeweiligen Notenbanken ihre Währung dem Verlauf des Euros anpassen.

Der Währungstausch bei Mintos kostet aktuell 2 % der Summe, die du tauschen möchtest. Das heißt also, solch ein Tausch erhöht deine Rendite erst nach rund 2 Jahren, je nach der Zinsdifferenz der Währungen. Aktuell ist beispielsweise der georgische Lari, aufgrund der sehr hohen Zinsen, attraktiv zu tauschen.
Du solltest vor dem Tausch ein bis zwei Wochen lang gut beobachten, ob es von der jeweiligen Währung auch immer ein entsprechend großes Angebot an Krediten gibt.
Diesen Tipp solltest du wirklich nur anwenden, wenn du bereit bist, ein höheres Risiko oder sogar einen Währungscrash einzugehen, auch wenn dieser sehr unwahrscheinlich ist.
Zudem empfehle ich dir, dass du diesen Tipp erst in Anwendung bringst, wenn du vor hast mindestens 3 Jahre lang oder besser noch länger auf Mintos zu investieren.

2.4.3. Bondora

Bondora hat, nach eigenen Angaben, mittlerweile mehr als 28.000 registrierte Investoren aus ganz Europa. Somit ist Bondora ebenfalls, wie Mintos, einer der „Big Player“ unter den P2P-Anbietern. Dass deren Sitz in Estland ist könnte für dich als Investor eventuell in Zukunft noch Vorteile bringen. Denn ob du es glaubst oder nicht, Estland ist in Sachen Finanztechnologie ein wahrer Vorreiter auf dem europäischen Markt und deshalb ist die estnische Politik sehr freundlich gegenüber sogenannten Fintechs eingestellt.

In der Kreditvergabe wird auf Bondora die Funktionsweise 3 verwendet, welche generell die am häufigsten zu findende ist. Investitionen in Kredite sind bereits ab einem Euro möglich, was für dich als Investor einfach nur hervorragend ist.

Manuelle Investitionen sind bei Bondora nur auf dem Sekundärmarkt möglich. Um auf dem Primärmarkt Investitionen zu tätigen, benötigst du den Portfolio-Manager oder den Portfolio-Pro (zu diesem später mehr).
Der Portfolio-Manager ist sehr, sehr schlicht gehalten und bietet dir nur geringe Einstellungsmöglichkeiten. Du kannst deine Risikobereitschaft einstellen, die direkt mit

deiner zu erwartenden Rendite verknüpft ist, so dass du gleich sehen kannst, wie viel du je Kredit und Schuldner investieren willst.

Es gibt bei dieser P2P-Plattform keinerlei Rückkaufgarantien oder Weiterverkaufsverträge an externe Inkassogesellschaften. Ich persönlich halte dies aber nicht für weiter schlimm, denn die Zinsen bei Bondora sind auch dementsprechend deutlich höher als bei vergleichbaren Anbietern. Die hohen Zinsen gleichen erfahrungsgemäß die Ausfälle sehr deutlich aus. Meinem Wissen nach gibt es keine andere, seriöse Plattform, auf der so hohe Renditen möglich sind wie auf Bondora.

2.4.4. Tipps für alle Investoren auf Bondora

Tipp 1:
Nutze den Portfolio-Pro!
Dieser automatische Investitionshelfer bietet dir zusätzliche Einstellungsmöglichkeiten zu denen des spartanischen Portfolio-Managers.
Deine Risikobereitschaft und deine zu erwartende Rendite kannst du hier allerdings nicht einstellen. Die ergibt sich dann aus deinen genaueren persönlichen Einstellungen heraus. Du kannst die Laufzeiten der Kredite einstellen. Hierbei empfehle ich dir, keine Kredite zu kaufen, die länger als 48 Monate laufen, denn

wie du bereits weißt, können sehr lang laufende Kredite deutlich öfter ausfallen als andere.

Bondora besitzt ein eigenes Kreditranking, welches sich von risikoarm (AA, A, B, C, D, E, F, HR) bis zu hochriskant aufgliedert. Hierbei musst du selbst wissen, welches Risiko du eingehen möchtest.

Du kannst auch mehrere Portfolio-Pros einstellen und gleichzeitig laufen lassen, sowie die Einzelnen durch eine maximale Portfolio Größe begrenzen.
Klar, es bedeutet etwas mehr Aufwand, als mit dem reinen Portfolio-Manager zu arbeiten, aber es lohnt sich wirklich.

Tipp 2:
Die richtige Nutzung der verschiedenen Kreditrankings!

Die AA- und A- (ca. 10 % Zinsen) Kreditnehmer sind wirklich sehr zuverlässige Zahler. Ausfälle gibt es nahezu keine, nur immer wieder ein paar Zahlungsverzüge, welche aber meist nach ein paar Tagen wieder bereinigt sind. Nur die Verfügbarkeit ist nicht immer die beste, da diese Kredite bei den meisten Investoren sehr beliebt sind.
Viele Investoren meiden leider die HR (high risk) Kredite komplett. Klar, dein Portfolio sollte nicht

damit überfüllt sein, aber eine Beimischung von mindestens 10 % kann ich jedem ans Herz legen, denn diese Kredite bieten einfach astronomisch hohe Zinsen von bis zu 200 %. Das würde für dich selbst bei einer Ausfallquote von 50 %, die aber aktuell definitiv geringer ist, immer noch einen vernünftigen Gewinn bedeuten.

Generell gilt bei der Auswahl der Kreditrankings aber, dass du einfach in dich gehen solltest und dir überlegen, welches Risiko du bereit bist, einzugehen. Doch bedenke immer: das Wort Rendite kommt nun mal vom Wort Risiko!. Ohne Risiko gibt es keine Rendite!
Von den E- und F- (40 -60 % Zinsen) Krediten rate ich dir eher ab, denn die Ausfälle sind dort genauso hoch, oft sogar noch höher als bei den HR-Krediten und das bei deutlich niedrigeren Zinsen.
Kredite vom Ranking B solltest du auch erst mal mit einer kleineren Position ausprobieren, denn nach meinen Erfahrungen sind die Ausfallraten beim Ranking B deutlich höher als bei C und D, trotz deutlich niedrigerer Zinssätze.

Bei den restlichen Kreditrankings stimmen die Zinsen in einem relativ vernünftigen Verhältnis zu den Ausfallraten überein. Hier heißt es, einfach etwas ausprobieren und immer wieder anpassen, da sich auch immer wieder mal etwas ändert.

2.4.5. Tipps für die aktiven Investoren auf Bondora

Für die aktiven Finanzjunkies oder die, die es werden wollen, ist Bondora eine ideale Plattform, denn hier kannst du durch viel Aktivität deine Rendite auf bis zu 20 % (ist allerdings wirklich schwer zu erreichen) steigern.

Grundsätzlich musst Du bei Bondora einfach viel auf dem Sekundärmarkt handeln. Dieser ist bei Bondora extrem liquide, weshalb es sich eben auch lohnt, hier aktiv zu handeln.

Tipp 1:
Gut laufende Kredite mit 2-3 Prozent Aufschlag verkaufen!

Hier empfiehlt es sich, Kredite mit den Rankings AA bis D, welche schon seit 3 oder mehr Monaten gut laufen, mit einem Preisaufschlag von 2 bis 4 Prozent zu verkaufen. „Gut laufen" heißt einfach, dass der Schuldner die Zinsen und Tilgungen bisher immer fristgerecht oder nur in sehr kurzem Verzug (bis 3 Tage) gezahlt hat. Diese Kredite lassen sich gut mit etwas Gewinn verkaufen, da dann normalerweise auch die restliche Laufzeit gut weiter geht. Dieser

Erfahrungswert ist ein schlagkräftiges Kaufargument, wodurch andere Investoren, dann bereit sind, einen Preisaufschlag zu zahlen.

Tipp 2:
Gut laufende Kredite ohne Aufschlag kaufen!
Von diesen Krediten werden aufgrund von Liquidationen immer wieder mal, Teile oder ganze Portfolios auf dem Zweitmarkt angeboten, und das ohne Aufschlag. Hier solltest du sofort zuschlagen.

Tipp 3:
Kredite mit geringem Verzug und hohem Abschlag kaufen!
Wenn du die Augen offen hältst, kannst du immer wieder Kredite entdecken, die sich ein bis zwei Wochen im Verzug befinden und mit Abschlägen von 10 % und in manchen Fällen auch deutlich mehr, angeboten werden. Du solltest dir dann den Rückzahlungsplan des Darlehens ansehen. Stellt du dabei fest, dass der Schuldner schon öfter eine Woche im Verzug war, aber dennoch die Zinsen und Tilgungen dann bezahlt hat, so solltest du den Kredit kaufen. Solche Kreditnehmer gibt es häufig. Sie haben zwar gute Bonität und Zahlungsmoral, doch sie vergessen immer wieder, dass sie einen Kredit abzahlen müssen

und benötigen jedes Mal einen Hinweis der Inkassoabteilung, wenn eine Zahlung fällig ist.

Ist dein Interesse an Bondora geweckt? Dann melde dich gleich unter diesem Link https://www.bondora.com/de/friend?ref=BOA95A361 an um einen Bonus von 5€ abzusahnen. Du kannst auch den Code BOA95A361 manuell eingeben, um dir den Bonus zu sichern.

2.5. Abschließende Worte zu P2P-Investitionen

Das Investieren in P2P-Kredite bringt dir den unglaublich großen Vorteil, dass deine Rendite relativ genau planbar ist, wenn du dich an die Regeln hältst und die ganze Sache ernst nimmst.

Du kannst davon ausgehen, dass du im Schnitt aller Plattformen, auf denen du aktiv bist, eine Rendite zwischen 11 und 14 % erwirtschaften kannst. Von Verlustjahren, wie wir das beispielsweise bei Aktien kennen, brauchst du eigentlich nicht ausgehen. Falls ein solches Verlustjahr eintreten sollte, ist leider sofort dein ganzes Geld weg. Jedoch ist das Risiko auf einen Totalausfall eher sehr gering.

Zudem sind P2P-Kredite eine sehr praktische Möglichkeit für passiven Einnahmen. Das heißt, du kannst ohne viel Aufwand einen Cashflow erzeugen, der dein Einkommen aufbessert. Dabei bleibt der Aufwand nahezu immer derselbe, ob du 1.000 € oder eine Million investiert hast.

Beachte deshalb auch für all deine Investitionen, dass es sehr lohnenswert ist, diese immer weiter zu erhöhen, um somit durch kaum vergrößerten Aufwand deine Gewinne zu vervielfachen.

Trotz der ganzen positiven Seiten der P2P-Kredite empfehle ich dir allerhöchstens 20 % (10 % sind in meinen Augen ideal) in P2P-Kredite zu investieren. Denn diese Anlage ist kein Sachwert und somit nicht gegen Inflation, Währungscrashs und –Reformen geschützt.

3. Immobilien

Ich muss sie einfach in diesem Buch kurz erwähnen. Immobilien an sich, als direktes Investment, sind zweifelsohne einfach eine super Sache. Leider musst du aber in den meisten Fällen mindestens ein Eigenkapital von 10.000 € zur Verfügung haben, um hier sinnvoll mitmischen zu können. Deshalb empfehle ich dir eher, deine ersten 10.000 € in die anderen, von mir zuvor genannten Anlagen, zu investieren.
Auf die direkten Immobiliengeschäfte werde ich in diesem Buch nicht eingehen, da diese eher weniger der Zielgruppe dieses Buches entsprechen.
Dennoch gibt es durchaus auch Möglichkeiten, wie du indirekt am Immobilienmarkt teilnehmen kannst. Allerdings kann ich dir diesbezüglich gleich im Voraus sagen, dass ich diese indirekten Immobileninvestitionen generell für nicht ideal halte. Aus diesem Grund tätige ich auch selbst nur eine Immobilien-ETF, in Form eines Sparplans.

Allerdings möchte ich dir die Möglichkeiten, die es gibt, dennoch nicht vorenthalten, falls du unbedingt etwas mitmischen willst.

Offene Immobilienfonds

Es sind Fonds, in denen das Management mit dem Geld der Investoren Immobilien kauft und verwaltet. In den meisten Fällen sind dies hauptsächlich Gewerbeimmobilien. Das Risiko und die Schwankungen bei solchen Fonds sind sehr gering. Dafür fällt die Belohnung mit ca. 3 - 6 Prozent Rendite im Jahr aber auch nicht sonderlich groß aus. Zudem benötigst du meistens eine Mindestanlagesumme von 2.500 €, 5.000 € oder in manchen Fällen sogar noch mehr. Die üblichen 5 % Ausgabeaufschlag kommen dann auch noch oben drauf und somit hast du im ganzen ersten Investitionsjahr noch gar keine Chance auf einen realen Gewinn.
Es ist in meinen Augen eher eine Werterhaltungsanlage als eine Investition.

Immobilien ETFs

Sie unterscheiden sich kaum von dem Aktien ETFs. Der einzige Unterschied ist, dass bei Immobilien ETFs das Geld nicht in Aktien verschiedenster Industriezweige fließt, sondern „nur“ in Unternehmen, die ihr Geld direkt mit Immobilien verdienen. Diese Unternehmen besitzen in der Regel Gewerbe- und/ oder Wohnimmobilien und vermieten diese.
Es ist prinzipiell eine sehr einfach Methode, um am Immobilienmarkt zu partizipieren. Allerdings fließt hier auch die generelle Börsentendenz mit

ein. Denn die Unternehmen, die in diesen ETFs vertreten sind, sind alle Aktiengesellschaften und können, ebenso wie alle anderen AGs, frei an der Börse gehandelt werden.

Crowdinvesting

Beim sogenannten Crowdinvesting geht es darum, die Projektierung großer Immobilien im 7-stelligen Kostenbereich zu finanzieren. Zur Projektierung gehören die Planung sowie der Bau der Immobilie. Bei diesen großen Projekten hat derjenige, der das Projekt ins Leben ruft, oft das Problem, dass er nicht genügend Eigenkapital zur Verfügung hat und von der Bank meist nur 80 % Fremdkapital bekommt. Deshalb gibt es die Crowdinvesting-Plattformen, die das fehlende Kapital auftreiben, welches aus Sicht der Bank wie Eigenkapital der Projektierers behandelt wird. Für dich als Investor springt dabei meistens eine Rendite von ca. 6 Prozent heraus. Was ich dabei allerdings als sehr kritisch sehe, ist die Tatsache, dass Du keinerlei Chance hast dein Geld wieder zu sehen, wenn das Projekt scheitert.

Dieses Scheitern kann dadurch geschehen, dass der Projektierer pleitegeht oder die Immobilie oder Teile davon nicht verkauft werden können. Für dieses Risiko sind die

mageren 6 Prozent Rendite in meinen Augen einfach zu wenig.
Solltest du aber dennoch Interesse an einer solchen Investition haben, solltest du dich an anderer Stelle noch genauer informieren.

4. Bildung

Das tut mir jetzt leid – eventuell wird das Folgende nerven.
Deine Eltern, deine Großeltern, deine Lehrer und vielleicht sogar dein Nachbar werden dir bestimmt schon hundertmal in deinem Leben gesagt haben, dass Bildung so wichtig ist, für manche sogar das Wichtigste überhaupt.
Leider möchte ich dazu auch noch meinen Senf dazugeben. Aber keine Sorge, ich erzähle dir höchstwahrscheinlich nicht dasselbe.

Denn ich sage zu dir, wenn du langfristig ein erfolgreiches und finanziell gutes Leben oder sogar ein finanziell freies Leben führen willst, musst du an deiner finanziellen Bildung arbeiten! Ich sage ganz bewusst, dass du daran arbeiten musst. Ich sage nicht, dass du in der Schule oder Uni aufpassen sollst. Ich sage, arbeite an deiner finanziellen Bildung – und das ist wirklich harte Arbeit! Um deine finanzielle Bildung musst du dich völlig alleine kümmern!

Denk mal darüber nach: Hattest Du in der Schule oder Uni je ein Fach das „privater Vermögensaufbau", „Wie gehe ich mit meinem Geld um?", „Immobilien-Geschäfte", „Das Wichtigste zum Thema Börse" oder „Investments im Allgemeinen"? Nein? Siehst du, ich auch nicht. Selbst in einem BWL-Studium

lernt man kaum etwas davon. Klar, das Wort „Aktie“ oder „Börse“ ist bestimmt schon mal gefallen, aber der Professor wird nicht mit den Studenten über die Sicht auf Aktien aus der Perspektive eines Privatinvestors schauen, sondern nur aus Sicht eines Konzerns - und das leider auch zu wenig.
Deshalb ist es alleine DEIN Job, dich darum zu kümmern, in dem wohl wichtigsten Bildungszweig überhaupt, etwas zu lernen. Es ist aus meiner Sicht definitiv der Wichtigste, ohne jeden Zweifel. Wer dir etwas Anderes erzählt, hat keinerlei finanzielle Bildung und weiß deshalb nicht von der großen Bedeutung.

Aber keine Sorgen, es gibt genug Möglichkeiten, wie du relativ einfach deine finanzielle Bildung verbessern kannst. Und selbst wenn du auch schon ein absoluter Finanz- und Investmentprofi bist, empfehle ich dir wärmstens, immer weiter daran zu arbeiten. Mit finanzieller (Weiter-) Bildung ist man nie fertig!
Deshalb zeige ich dir einige Möglichkeiten und Angebote, die du wahrnehmen kannst, um der „Herr deiner Finanzen“ zu werden.

Bücher

Die wohl klassischste Möglichkeit, um deine finanzielle Bildung zu erweitern, ist das lesen

von Büchern. Aber bitte lies nicht irgendwelche Bücher, also keine Romane übers Finanzwesen oder so, sondern wirklich Bücher, bei denen du auch etwas lernst. Wenn du wirklich etwas über die Finanzwelt erfahren möchtest, lies stattdessen Sachbücher, die sich logischerweise mit den Themen Geld, Vermögen, Börse, Immobilien usw. beschäftigen.
Nicht nur das Lesen an sich, sondern VIEL lesen ist eine Tugend für finanziellen Erfolg. Ich empfehle dir, mindestens ein Buch pro Monat zu lesen, welches dir bei deiner finanziellen Bildungen weiterhilft.

Ja, ich weiß, für Studenten und Schüler wäre das ein sehr hoher finanzieller Aufwand, jeden Monat rund 20 € für ein gutes Fachbuch hinzublättern. Tatsächlich befinden sich all die Guten in diesem Preissegment.
Deshalb habe ich dir Beispiele für kostengünstige Möglichkeiten. Immerhin liest du ja gerade in einem dieser Gegenbeispiele, nicht wahr? Oder du könntest dich, wenn du Student bist, auch einfach mal in der Bibliothek deiner Uni umschauen. Selbst in technisch orientierten Universitäten findet man oft auch einige gute Finanzbücher. Oder kauf „second hand", falls du damit kein Problem haben solltest. Oder frag in deinem Finanzclub nach,

ob sie nicht welche abzugeben haben. Oder frag deine Eltern, Großeltern, Tanten usw., ob sie nicht in deine finanzielle Absicherung für später investieren wollen. Sei kreativ!

Vorträge, Seminare und Messen

Die zweite große Möglichkeit, um dir deinen Bildungshorizont zu erweitern, sind Vorträge und Seminare. Ja - ich muss zweifelsohne zugeben, dass viele Seminare, gerade im Bereich Finanzen und Immobilien, sehr, sehr teuer sind und eigentlich ausschließlich im vierstelligen Bereich angeboten werden.
Trotzdem ist der Besuch von Seminaren sehr empfehlenswert. Du musst ja nicht alles auf einmal und alles in jungen (und geldlosen Jahren) machen. Du kannst dir einige Möglichkeiten ja auch für später aufheben.

Sofort loslegen kannst du, auch ohne großes Startkapitel, hingegeben ohne Probleme mit **Vorträgen**. An Volkshochschulen oder teilweise auch an Unis werden immer wieder auch Vorträge zu finanziellen Themen angeboten. Diese sind meistens sehr preiswert und in Sonderfällen sogar kostenlos.

Es gibt tatsächlich nicht nur für Technik, Autos und Reisen **Messen**, nein, auch für Finanzen gibt es welche. Davon sind die meisten

ebenfalls kostenlos. Allerdings ist hier etwas Vorsicht geboten, denn dort tummeln sich auch immer wieder mal unseriöse Banker oder Finanzhaie, die dir irgendwelche unseriösen und hochriskanten Anlageoptionen aufquatschen wollen. Sei hier bitte besonders vorsichtig.
Gute Empfehlungen für Messen sind aus meiner Sicht die „Invest“ in Stuttgart (jedes Jahr im April) und die „Börsentage kompakt“ (fast jeden Monat in einer anderen Großstadt).
Aber es gibt noch viele Weitere - frag einfach mal Onkel Google, ob es nicht etwas in deiner Nähe gibt.

Wie starte ich jetzt am besten?

Mit welcher Investmentoption du jetzt beginnst, ist eigentlich relativ egal und dir selbst überlassen. Das Wichtige ist aber, dass du anfängst, zu investieren und nach Möglichkeit, dich auch immer laufend über das Investieren weiterbildest und informierst. Es ist generell sehr wichtig, dass du bei deinen Investitionen und deinem Vermögen immer beachtest, dass du mindestens 75 % in Sachwerte investierst. Da diese immer einen gewissen Wert besitzen unabhängig von Inflationen und Währungsreformen.

Um in das Investieren einzusteigen, ist es am einfachsten, wenn du damit beginnst, dir einen oder zwei ETF-Sparpläne anzulegen, die weltweit streuen. Parallel kannst du auch mit einer kleinen Position in P2P-Kredite beginnen, da dies generell eine Investition ist, die du sehr einfach und ohne großen Aufwand starten kannst. Mit der Königsdisziplin, den Einzelaktien, solltest du erst beginnen, wenn du die Aktienmärkte einige Zeit beobachtet hast. Dadurch kannst du lernen, wie die Börse auf Ereignisse, Bilanzen, Schätzungen oder sonstige News reagiert. Dieses Gespür für die Börse, welches du zwingend für Investments, auch in riskantere Aktien, benötigst, kannst du nur durch beobachten und learning by doing bekommen.

Versuche immer, mindestens 10 % deiner monatlichen Einkünfte zu sparen, um sie gewinnbringend zu investieren. Als Schüler, Azubi und auch bei den meisten Studenten sind eigentlich auch 50 % oder noch mehr gut machbar, wenn du eine eiserne Disziplin an den Tag legst. Denke einfach nicht immer an den einen Euro, den du in der Hand hältst, sondern an die 5 €, die es in 20 Jahren sein können, wenn du den einen Euro gut investierst. Wenn du so vorgehst, hast du kaum Disziplinprobleme beim Investieren.

Schlusswort

Selbst wenn du bis zum jetzigen Zeitpunkt dachtest, noch nie eine Investition getätigt zu haben, kann ich dir sagen, dass du damit falsch liegst. Denn du hast bereits eine vollzogen und sogar eine gute - - indem du dieses Buch gelesen hast, wofür ich dir sehr dankbar bin! Du hast es ausgewählt, weil dich der Titel und der Inhalt interessiert haben. Jetzt mach was draus und lege los!

Ich hoffe, ich konnte dir zeigen, dass die vielen klassischen, in der Gesellschaft verankerten Sichtweisen zum Thema Investieren wie zum Beispiel „zum Investieren braucht man sehr viel Geld“, „nur Reiche können investieren“ oder „Aktien sind nur was für Zocker“ einfach nur Humbug sind.

Ich hoffe, du nutzt deine Chance und die Möglichkeiten, die ich dir mit diesem aufgezählt und erklärt habe, um in deine finanzielle Zukunft zu investieren.

Du musst nur die verschiedenen und guten Möglichkeiten, die es gibt, um sinnvoll zu investieren, auch nutzen. Es liegt an dir! Jede nicht genutzte Möglichkeit für eine gute Investition wird sich langfristig als verpasste Chancen herausstellen. Nutze sie eiskalt aus! Wer keine Chancen nutzt und damit Risiken eingeht, kann auch niemals erfolgreich sein!

Ich wünsche dir viel Spaß und Erfolg beim Investieren.

Hat dir das Buch gefallen? Hinterlasse uns doch eine kurze Rezension auf Amazon. Wir würden uns sehr darüber freuen.

Buchempfehlung:

In diesem Buch erfährst du all das, was du über Geld wissen solltest.
E-Book: http://amzn.to/2CNjqQ5
Taschenbuch ISBN: 978 1980309802

Impressum

Investieren für Studenten, Schüler und Azubis

2.Auflage 2017
Autor: Tobi Burner
Korrektorat: Christina Sorg, korrektur-for-you.de

Herausgeber:
Tobi Burner
burner-tobi@gmx.de
Glockäcker 1
73441 Bopfingen